Datenerhebung mit Excel

Markus Feiks

Datenerhebung mit Excel

Eine Anleitung zur Umsetzung von Inhaltsanalysen und Befragungen

Markus Feiks
Universität Tübingen
Tübingen, Deutschland

ISBN 978-3-658-11654-5   ISBN 978-3-658-11655-2 (eBook)
DOI 10.1007/978-3-658-11655-2

Die Deutsche Nationalbibliothek verzeichnet diese Publikation in der Deutschen Nationalbibliografie; detaillierte bibliografische Daten sind im Internet über http://dnb.d-nb.de abrufbar.

Springer VS
© Springer Fachmedien Wiesbaden 2016
Das Werk einschließlich aller seiner Teile ist urheberrechtlich geschützt. Jede Verwertung, die nicht ausdrücklich vom Urheberrechtsgesetz zugelassen ist, bedarf der vorherigen Zustimmung des Verlags. Das gilt insbesondere für Vervielfältigungen, Bearbeitungen, Übersetzungen, Mikroverfilmungen und die Einspeicherung und Verarbeitung in elektronischen Systemen.
Die Wiedergabe von Gebrauchsnamen, Handelsnamen, Warenbezeichnungen usw. in diesem Werk berechtigt auch ohne besondere Kennzeichnung nicht zu der Annahme, dass solche Namen im Sinne der Warenzeichen- und Markenschutz-Gesetzgebung als frei zu betrachten wären und daher von jedermann benutzt werden dürften.
Der Verlag, die Autoren und die Herausgeber gehen davon aus, dass die Angaben und Informationen in diesem Werk zum Zeitpunkt der Veröffentlichung vollständig und korrekt sind. Weder der Verlag noch die Autoren oder die Herausgeber übernehmen, ausdrücklich oder implizit, Gewähr für den Inhalt des Werkes, etwaige Fehler oder Äußerungen.

Lektorat: Barbara Emig-Roller, Monika Mülhausen

Gedruckt auf säurefreiem und chlorfrei gebleichtem Papier

Springer Fachmedien Wiesbaden ist Teil der Fachverlagsgruppe Springer Science+Business Media
(www.springer.com)

Vorwort und Danksagung

Bei allen Forschungsvorhaben gelangt man irgendwann an den Punkt, die erhobenen Daten in einen Datensatz zu integrieren. Oftmals ist dies ein mühsamer Schritt, gerade dann, wenn die Daten analog vorliegen und erst in ein digitales Format übertragen werden müssen. So kommt es häufig vor, dass Inhaltsanalysen und Befragungen mit Stift und Papier durchgeführt werden, woraufhin im Anschluss der zeitlich-, ökonomisch- und kognitiv-lahmende Schritt der Datenüberführung ansteht, an den oftmals sehr viele Ressourcen gebunden werden.

Dieses Buch stellt eine Möglichkeit vor, diesen Schritt zu überspringen. Sie besteht darin, die Datenerhebung gleich in digitaler Form durchzuführen. Das ist insofern nicht neu, als Inhaltsanalysen und Befragungen auch heute schon computergestützt und unter Nutzung von *Microsoft Excel* stattfinden. Das Neue daran ist jedoch, dass man Excel nicht als Programm zur Tabellenkalkulation versteht, sondern sich seine mathematischen Funktionen und seinen formal-ästhetischen Aufbau zu Nutze macht: In Excel lässt sich eine grafische Benutzeroberfläche gestalten, die „Papier" simuliert und gleichsam die Dateneingabe vereinfacht. Zudem besteht die Möglichkeit, Auswertungen zu automatisieren, da Excel neue Dateneingaben auch gleich den Berechnungen hinzufügen kann. Eingesetzt wurde dieses Vorgehen zum Beispiel in dem von der Deutschen Forschungsgemeinschaft (DFG) geförderten Projekt „Ethik der Werbung in Zeiten des medialen Wandels" (Förd.-Nr. 249557738). Eine großangelegte Inhaltsanalyse konnte so effizient, das heißt zeit- und ressourcensparend umgesetzt werden. Das Programm ist also mehr als nur ein Werkzeug für Berechnungen von Ein- und Ausgaben.

Mithilfe dieses Buches sollen Sie in die Lage versetzt werden, ein *Codesheet* bzw. einen *Fragebogen* nachbauen bzw. selbst erstellen zu können. Dabei spielt es keine Rolle, ob Sie ein Forschungsprojekt umsetzen wollen, eine Forschungsarbeit im Rahmen Ihres Studiums planen, oder ob Sie in der Marktforschung tätig sind. Grundsätzlich wird vorausgesetzt, dass Sie Excel-Kenntnisse besitzen, aber keine Sorge, auf wichtige Funktionen und Optionen, die für die spätere Konstruktion notwendig sind, wird im Verlaufe dieses Buches eingegangen. Zur Verdeutlichung des Vorgehens werden in diesem Buch exemplarisch ein Codesheet und ein Fragebogen konstruiert. Die beiden Beispiele können Sie sich herunterladen, entweder gehen Sie dazu auf die Website *www.cronbach.de* oder Sie finden die Dateien auf der Verlagsseite dieses Buches unter der Option *OnlinePlus*.

Zu erwähnen ist außerdem, dass sich die Inhalte dieses Buches auf *Excel 2013* (Windows) beziehen, die Befehle unterscheiden sich jedoch grundsätzlich nicht (oder nur kaum) von früheren Versionen, das heißt alle Versionen ab 2007 sollten im Grunde kompatibel sein. Geändert haben sich jedoch die grafischen Anordnungen und Aufteilungen des Programms, demnach unterscheidet sich das neue Erscheinungsbild teilweise sehr stark von seinen Vorgängern.

***

Herzlich bedanken möchte ich mich bei Barbara Emig-Roller vom Springer-Verlag, die sich von Anfang an für dieses Thema begeistern konnte und diese Zeilen somit erst möglich machte. Auch an Sie, liebe/r Leser/in, ist mein Dank gerichtet, da Sie sich für dieses Buch entschieden haben. Ich hoffe deshalb umso mehr, dass es Ihnen eine gute Anleitung sein wird. Außerdem möchte ich mich bei Elisa Thieme bedanken, die mir zahlreiche Hinweise zur Erweiterung und Verbesserungen gegeben hat und sich bereitwillig daran machte, die Anleitung zu testen. Zu guter Letzt und von ganzem Herzen möchte ich Hannah Birr danken, die mich stets zum Schreiben ermutigte, an mich glaubte und mir ebenfalls viele, hilfreiche Anmerkungen zu diesem Buch gab.

Tübingen, im September 2015
Markus Feiks

Für Peppy und Kalle

Inhalt

Vorwort und Danksagung V

Abbildungsverzeichnis XIII
Tabellenverzeichnis XV
Übersicht wichtiger Codes XVII

1 Einleitung 1

2 Empirische Sozialforschung 5
   2.1 Das Wichtigste: Eine konkrete Fragestellung 7
   2.2 Messung und Skalierung 7
      2.2.1 Nominalskala 8
      2.2.2 Rang- bzw. Ordinalskala 9
      2.2.3 Intervall- und Ratioskala 9
      2.2.4 Skalierungsverfahren 10
   2.3 Grundlagen der Inhaltsanalyse 11
      2.3.1 Fragestellung und Hypothesen 12
      2.3.2 Die Bestimmung der Einheiten 13
      2.3.3 Codebuch und Codebogen 15
      2.3.4 Schulung, Pretest und Haupterhebung 18
   2.4 Grundlagen der Befragung 19
      2.4.1 Frage- und Antwortqualität 20
      2.4.2 Fragetypen und Antwortformen 20
      2.4.3 Fragebogenkonstruktion 21

3 Allgemeiner Aufbau und Funktionsweise von Excel 25
- 3.1 Arbeitsmappen und Oberfläche 26
  - 3.1.1 Schnellzugriff auf ausgewählte Befehle 27
  - 3.1.2 Tabellenblätter 28
  - 3.1.3 Spalten, Zeilen und Zellen 28
  - 3.1.4 Ansichten 28
- 3.2 Formeln und Funktionen 29
  - 3.2.1 Einfache Formeln und Funktionen 29
  - 3.2.2 Verschachtelte Funktionen 31
  - 3.2.3 Statistische Funktionen 31
  - 3.2.4 Wenn-Funktion 32
  - 3.2.5 Funktion Sverweis **34**
  - 3.2.6 Elemente „verketten" 35
- 3.3 Entwicklertools: Wesentliche Elemente 36
  - 3.3.1 Schaltflächen 37
  - 3.3.2 Listenfeld / Kombinationsfeld 38
  - 3.3.3 Kontrollkästchen 40
  - 3.3.4 Bildlaufleiste 41
  - 3.3.5 Textfeld „Sonstiges" 42
- 3.4 Zusatz: Add-In „Analyse-Funktion" aktivieren 42

4 Makros aufzeichnen, editieren und selbst erstellen 45
- 4.1 Exkurs: Visual Basic for Applications 45
  - 4.1.1 Der VB-Editor 46
  - 4.1.2 Die erste Prozedur: Hallo Welt! 47
- 4.2 Ein Makro aufzeichnen 48
  - 4.2.1 Die Aufzeichnung planen 49
  - 4.2.2 Die Aufzeichnung beginnen 50
  - 4.2.3 Die Aufzeichnung speichern 50
  - 4.2.4 Makros mit Schaltflächen verbinden und ausführen ... 51
- 4.3 Makros verstehen und editieren 52
  - 4.3.1 Excel-Objekte 52
  - 4.3.2 Methoden 53
  - 4.3.3 Module editieren und Code zusammenführen 53

5 Allgemeine Vorbereitungen zur Datenerhebung mit Excel 57
- 5.1 Anpassung des Layouts 57
- 5.2 Wesentliche Tabellenblätter 60

Inhalt

6 Inhaltsanalyse mit Excel: Konstruktion eines Codesheets 63
    6.1 Vorbereitung: Anlegen von Kategorien 65
    6.2 Sektionen erstellen 66
        6.2.1 Sektion „Satzstring" 66
        6.2.2 Sektion „Formalia" 67
        6.2.3 Sektion „Inhalte" 70
    6.3 Zellverknüpfungen hinzufügen 78
        6.3.1 Unterkategorien anlegen und Spalten einfügen 79
        6.3.2 Elemente verknüpfen 80
        6.3.3 Zellverknüpfungen testen 86
    6.4 Die Ergebniszeile generieren 87
    6.5 Makros aufnehmen 88
        6.5.1 Makro 1: Codierung speichern 89
        6.5.2 Makro 2: Neues Codesheet / Eingabe löschen 93
    6.6 Design anpassen 96

7 Befragungen mit Excel: Konstruktion eines Fragebogens 99
    7.1 Vorbereitung: Anlegen von Fragen und Antworten 102
        7.1.1 Fragen integrieren 103
        7.1.2 Tabellenköpfe erstellen und Antwortmöglichkeiten einpflegen 104
        7.1.3 Antworten „umpolen" 105
    7.2 Layout anpassen und Sektionen vorbereiten 107
        7.2.1 Sektion 0a: Begrüßungstext und Zustimmung 108
        7.2.2 Sektion 0b: Abschlusstext und Danksagung 109
        7.2.3 Sektionen 1-7: Frageblöcke erstellen 110
        7.2.4 Fortschrittsbalken einfügen 111
    7.3 Sektionen 1-7: Fragen und Steuerelemente einfügen 112
        7.3.1 Konstruktion der Sektionen 1 und 2 112
        7.3.2 Konstruktion der Sektionen 3 und 4 114
        7.3.3 Konstruktion der Sektion 5 118
        7.3.4 Konstruktion der Sektion 6 120
        7.3.5 Konstruktion der Sektion 7: Sozio-ökonomische Daten 121
    7.4 Zellverknüpfungen hinzufügen 123
        7.4.1 Vorbereitung: Tabellenköpfe erstellen 123
        7.4.2 Eine ID vergeben und die Zustimmungsvariable einfügen 124
        7.4.3 Ausgabewerte der Antworten verknüpfen 124

7.5	Die Ergebniszeile generieren		129
	7.5.1	Wenn-Funktionen einfügen	129
	7.5.2	Einfache Zellverknüpfungen erstellen	130
	7.5.3	SVERWEIS einfügen: Werte umpolen	130
7.6	Makros erstellen und mit Steuerelementen verbinden		131
	7.6.1	Makro 1: Ergebnisse speichern	132
	7.6.2	Makro 2: Eingaben löschen / Neuer Fragebogen	134
	7.6.3	Makro 3: Befragung nur bei Zustimmung beginnen	139
	7.6.4	Makro 4: Fragebogennavigation erstellen	140
	7.6.5	Makro 5: Filterfrage konfigurieren	141
7.7	Design anpassen		141

8 Ausblick: Datenauswertung automatisieren ... 143

8.1	Diagrammtypen		144
8.2	Daten auswählen und Pivot-Tabellen erstellen		144
	8.2.1	Pivot-Tabelle einfügen	145
	8.2.2	Variablen auswählen und zuordnen	146
8.3	Pivot-Tabellen für Diagramme nutzen		148

Literatur ... 151

Abbildungsverzeichnis

Abb. 3.1	Benutzeroberfläche von Excel 2013	26
Abb. 3.2	Beispiel der Funktion Sverweis	34
Abb. 3.3	Entwicklertools: Formularsteuerelemente	37
Abb. 3.4	Schaltflächen in Excel	38
Abb. 3.5	Listenfeld und Kombinationsfeld im Vergleich	38
Abb. 3.6	Vor- und Nachteile der Listen- und Kombinationsfelder	39
Abb. 3.7	Beispiel einer Wenn-Funktion	40
Abb. 3.8	Beispiel einer Bildlaufleiste	41
Abb. 4.1	VB-Editor in Excel	46
Abb. 5.1	Excel-Grid vor der Layout-Anpassung	58
Abb. 5.2	Excel-Grid nach der Layout-Anpassung	59
Abb. 5.3	Ausgangs-Layout für die Konstruktion	60
Abb. 6.1	Tabellenblatt RECHNUNG mit eingefügten Kategorien	65
Abb. 6.2	Tabellenblatt LISTEN mit eingetragenen Items	66
Abb. 6.3	Entwurf der Sektion „Formalia"	68
Abb. 6.4	Die Kategorien Kommunikator und Themen einfügen	71
Abb. 6.5	Kontrollkästchen und Bearbeitungsmenü	71
Abb. 6.6	Zellinhalt kopieren	72
Abb. 6.7	Breite der Kontrollkästchen anpassen	73
Abb. 6.8	Kategorie „Geschlecht" mit einfacher Auswahlmöglichkeit	74
Abb. 6.9	Sektion „Inhalte" – Entwurf der Themenanordnung und -auswahl	75
Abb. 6.10	Bewertungs- und Artikulationskategorien	75
Abb. 6.11	Erweitertes Tabellenblatt LISTEN	76
Abb. 6.12	Vorläufiges Codesheet	77
Abb. 6.13	Alternatives Codesheet	77
Abb. 6.14	Abschnitte im Blatt RECHNUNG gliedern	78
Abb. 6.15	Spalten für die Themenkategorien im Codesheet	79

Abb. 6.16	Getrennte Ansichten erleichtern die Verknüpfung	81
Abb. 6.17	Formularsteuerelemente in der Bearbeitungsleiste verknüpfen	82
Abb. 6.18	Listenpositionen für die Funktion Sverweis	85
Abb. 6.19	Option Werte einfügen	90
Abb. 6.19	Option Werte einfügen	90
Abb. 6.20	Finales Codesheet	97
Abb. 7.1	Tabellenköpfe und Inhalte im Blatt LISTEN	104
Abb. 7.2	Arbeitsblatt LISTEN mit zusätzlichen Spalten „Umpolung" und „Position"	106
Abb. 7.3	Grid-Layout des Fragebogens	107
Abb. 7.4	Sektion 0a des Fragebogens	108
Abb. 7.5	Sektion 0b: Abschluss und Danksagung	109
Abb. 7.6	Sektion 1 des Fragebogens	113
Abb. 7.7	Sektion 2 des Fragebogens	114
Abb. 7.8	Sektion 3 des Fragebogens	114
Abb. 7.9	Sektion 4 des Fragebogens	116
Abb. 7.10	Sektion 5: Frage 7 mit Bildlaufleiste	118
Abb. 7.11	Sektion 5: Frage 8	119
Abb. 7.12	Sektion 6 des Fragebogens	120
Abb. 7.13	Sektion 7 des Fragebogens	121
Abb. 7.14	Frage 4: Erweiterung der Spalten	125
Abb. 7.15	Fragebogen: Anzeige ohne Gitternetzlinien, Menüband und Überschriften	142
Abb. 8.1	Einfügen einer Pivot-Tabelle	146
Abb. 8.2	Ansicht der PivotTable-Felder zur Auswahl der Variablen	147
Abb. 8.3	Säulendiagramm (exemplarisch)	148

Tabellenverzeichnis

Tab. 3.1	Elemente in Excel verketten (Schema)	35
Tab. 4.1	Ursprungs-Code des aufgenommenen „Makro1"	54
Tab. 4.2	Makro1 editiert	54
Tab. 4.3	Makro1 editiert und umgeschrieben	55
Tab. 4.4	Makro1 editiert und erweitert	55
Tab. 6.1	Übersicht der anzulegenden Kategorien	64
Tab. 6.2	Erklärung einer verschachtelten Wenn-Funktion	84
Tab. 6.3	Übersicht der Zelleingaben des Codesheet-Beispiels	86
Tab. 6.4	Codesheet: Programmcode zum Speichern der Ergebniszeile	91
Tab. 6.5	Codesheet: Editierter Programmcode des Speichervorgangs	92
Tab. 6.6	Codesheet: Programmcode Textfelder löschen	93
Tab. 6.7	Codesheet: Editierter Programmcode Textfelder löschen	94
Tab. 6.8	Codesheet: Programmcode Steuerelemente löschen	94
Tab. 6.9	Codesheet: Programmcode Steuerelemente löschen (editiert)	95
Tab. 6.10	Codesheet: Programmcode zum Speichern und Löschen der Eingaben	96
Tab. 7.1	Übersicht der Fragen und Antwortmöglichkeiten	100
Tab. 7.2	Fragen der Sektion 1 und Sektion 2	112
Tab. 7.3	Einzufügende Fragen der Sektion 3	115
Tab. 7.4	Einzufügende Frage der Sektion 4	117
Tab. 7.5	Fragen der Sektion 5	118
Tab. 7.6	Fragen der Sektion 6	121
Tab. 7.7	Frage 6: Spaltenbereiche und ihre Beschriftungen	127
Tab. 7.8	Syntax der Wenn-Funktion in Sektion 4 des Fragebogens	127
Tab. 7.9	Fragebogen: Makro zum Speichern der Ergebniszeile	133
Tab. 7.10	Fragebogen: Makro zu Speichern der Ergebniszeile (editiert)	134
Tab. 7.11	Fragebogen: Makro zum Löschen der Textfelder	135
Tab. 7.12	Fragebogen: Makro zum Löschen der Textfelder (editiert)	135

Tab. 7.13	Fragebogen: Makro zum Löschen der Steuerelemente	136
Tab. 7.14	Fragebogen: Makro zum Löschen der Steuerelemente (editiert)	137
Tab. 7.15	Fragebogen: Zusammengeführtes Makro	137
Tab. 7.16	Fragebogen: Finales Makro zum Speichern und Löschen	138
Tab. 7.17	Fragebogen: Makro zur Einwilligung	139
Tab. 7.18	Fragebogen: Makro zur Vorwärts-Navigation	140
Tab. 8.1	Beispiel-Daten für eine Pivot-Tabelle (schematisch)	145

Übersicht wichtiger Codes

Excel-Befehl	Syntax & Erklärung	
Abrunden / Aufrunden	Syntax	=Abrunden(Zahl; Anzahl_Stellen) =Aufrunden(Zahl; Anzahl_Stellen)
	Erklärung	Rundet einen Zahlenwert (oder einen Wert in einer Zelle) gemäß dem Wert Anzahl_Stellen ab bzw. auf.
Absoluter Wert	Syntax	=Abs(Zahl; Anzahl_Stellen)
	Erklärung	Gibt den absoluten Wert einer Zahl zurück; der Wert ist also nie negativ.
Anzahl	Syntax	=Anzahl(Bereich)
	Erklärung	Berechnet die Anzahl der Zellen, die einen Wert enthalten
Anzahlleerzellen	Syntax	=Anzahlleerzellen(Bereich)
	Erklärung	Zählt die Anzahl leerer Zellen
Korrel	Syntax	=Korrel(Matrix1;Matrix2)
	Erklärung	Die Funktion gibt den Korrelationskoeffizienten einer zweidimensionalen Zufallsgröße zurück. Die Werte der Funktion stehen dabei in den Zellbereichen Matrix1 und Matrix2. Hiermit lässt sich feststellen, ob eine Beziehung zwischen zwei Eigenschaften besteht.
Median	Syntax	=Median(Zahl1; Zahl2;…)
	Erklärung	Gibt den Median, das heißt die Zahl zurück, die genau die Mitte einer Zahlenfolge markiert.
Min / Max	Syntax	=Min(Zahl1; Zahl2;…) =Max(Zahl1; Zahl2;…)
	Erklärung	Gibt den kleinsten (MIN) bzw. größten Wert (MAX) innerhalb einer Menge von Zahlen zurück.
Mittelwert	Syntax	=Mittelwert(Zahl1; Zahl2;…)
	Erklärung	Gibt den Mittelwert bzw. das arithmetische Mittel zurück.
Modus	Syntax	=Modus(Zahl1; Zahl2;…)
	Erklärung	Gibt den Wert zurück, der am häufigsten in einer Zahlenfolge vorkommt.

Pearson	Syntax	=Pearson(Matrix1; Matrix2)
	Erklärung	Gibt den Pearsonschen Korrelationskoeffizienten r zurück, der innerhalb des Wertebereichs $-1 \leq r \leq 1$ liegt und als ein Maß für die lineare Abhängigkeit zweier Datensätze begriffen wird.
Produkt	Syntax	=Produkt(Zahl1;[Zahl2];...)
	Erklärung	Multipliziert die ausgewählten Zahlen (bzw. Zahlen in Zellen und Zellbereichen).
Summe	Syntax	=Summe(Zahl1;[Zahl2];...)
	Erklärung	Berechnet die Summe der ausgewählten Zahlen (bzw. Zahlen in Zellen und Zellbereichen).
SVERWEIS	Syntax	=SVERWEIS(Suchkriterium; Matrix; Spaltenindex; [Bereich_Verweis]
	Erklärung	Das „Suchkriterium" gibt den Wert an, nach dem gesucht werden soll. Die „Matrix" ist der Ort, an dem gesucht werden soll, wobei der „Spaltenindex" die Spalte in der Matrix kennzeichnet, die den Rückgabewert enthält – also den Wert, der aus- bzw. zurückgegeben werden soll. Der Befehl „Bereich_Verweis" ist optional und kann die Werte „WAHR/FALSCH" oder „1/0" annehmen. „Falsch" bzw. „0" sucht nach dem exakten Wert in der ersten Spalte.
t-Test	Syntax	=T.TEST(Matrix1; Matrix2; Seiten; Typ)
	Erklärung	Die Funktion gibt die Teststatistik eines Student'schen t-Tests zurück, der zu Mittelwertvergleichen genutzt wird.
UND / ODER	Syntax	=UND(Wahrheitswert1;[Wahrheitswert2];...) =ODER(Wahrheitswert1;[Wahrheitswert2];...)
	Erklärung	Diese beiden Operatoren werden meist dazu genutzt, bestimmte Bedingungen zu differenzieren und den Nutzen anderer Funktionen zu steigern – zum Beispiel den Nutzen der „Wenn"-Funktion.
Verketten	Syntax	=Verketten(Element1;Element2;...)
	Erklärung	Dieser Befehl verbindet verschiedene Elemente miteinander.
Wenn	Syntax	=Wenn(Prüfung; Dann_Wert; Sonst_Wert)
	Erklärung	Nach einer Prüfung wird ein „Dann-Wert" ausgegeben, sobald die Prüfung „wahr" ist; ist sie „falsch" wird der „Sonst-Wert" ausgegeben.
Zufallszahl	Syntax	=Zufallszahl()
	Erklärung	Gibt eine Zufallszahl zurück, die gleichmäßig zwischen „0" und „1" verteilt ist – das Ergebnis ändert sich jedoch bei jeder Neuberechnung.

Einleitung 1

Heutzutage findet sich auf vielen Rechnern das Office-Paket von *Microsoft*, darin enthalten ist auch das Programm *Excel*. Excel kennen die meisten als eine Anwendung zur Tabellenkalkulation, die für die Berechnung von Ein- und Ausgaben bzw. zur Buchhaltung genutzt werden kann. Das Programm bietet jedoch weitaus mehr, nämlich eine leistungsfähige Umgebung zur Programmierung, die in technischen Berufen, wie zum Beispiel dem Maschinenbau, schon zur Anwendung kommt (vgl. Nahrstedt 2014). Als Besitzer des Office-Pakets erhält man also nicht nur Excel, Word oder Outlook, sondern gleichzeitig auch noch eine Entwicklungsumgebung, das heißt ein Programm, mit dem man wiederum ein Programm schreiben kann, kostenlos dazu und zwar *Visual Basic for Applications* (VBA).

Excel ist damit nicht nur in technischen Bereichen nützlich, sondern auch in den Sozialwissenschaften. Dank des technologischen Fortschritts ist es heute einfacher denn je, empirische Forschung mithilfe des Computers (PC) durchzuführen. Oftmals liegt das zu untersuchende Material bereits in digitaler Form vor. Das bringt gerade bei Inhaltsanalysen, aber auch bei anderen Methoden, viele Vorteile mit sich: Man kann Zeit sparen, weil die Daten nicht erst „umgewandelt", das heißt durch Transkription bzw. Dateneingabe digitalisiert werden müssen. Außerdem kann so auf Papier verzichtet werden, das spart Geld und schont zugleich die Umwelt. Andreas Diekmann (2008, S. 621) ist darüber erstaunt, dass das Potenzial rechnergestützter, quantitativer Inhaltsanalysen „im Vergleich zu anderen Techniken noch viel zu selten genutzt wird", denn im Bereich qualitativer Forschung haben Programme wie *MaxQDA* oder *ATLAS.ti* schon längst ihren Einzug in den Arbeitsalltag vieler ForscherInnen gehalten, wohingegen quantitative Analysen oftmals noch auf die umständliche und aufwendige *paper&pencil*-Technik setzen.

Wer selbst einmal den gesamten Forschungs- bzw. Erhebung- und Auswertungsprozess vollzogen hat, der weiß, wie aufwändig Forschung sein kann. Ich habe zum Beispiel für ein Marktforschungsinstitut gearbeitet, das für unterschiedliche Unternehmen Befragungen durchgeführt hat. Jeder Interviewer trug während der

Datenerhebung unzählige Fragebögen bei sich, auch ich. Die Fragebögen – letztlich waren es insgesamt über 1000 Stück – mussten manuell ausgefüllt und später ebenfalls per Hand in den Computer eingegeben werden. Ich erinnere mich noch wie ich die ausgefüllten Fragebögen aus dem Büro abholte und mit zwei bis oben hin gefüllten Schuhkartons empfangen wurde. Es vergingen unzählige Stunden, bis der Datensatz fertig erstellt war.[1] Patrick Rössler (2010, S. 187) schreibt hierzu: „Die Überführung der Codierungen in einen Datensatz ist eine zeitraubende mechanische Tätigkeit, die sich leider nur selten maschinell erledigen lässt." Später führten wir die Befragungen mit kleinen PDA-Computern („Personal Digital Assistent") durch und die Arbeit erleichterte sich damit sichtlich. Die Interviews wurden auf dem Gerät gespeichert und die Daten später synchronisiert – die manuelle Dateneingabe entfiel somit und natürlich wog das Gerät auch wesentlich weniger als ein Stapel Papier. Genau diese Arbeitserleichterung lässt sich heute auch mithilfe von Tablet-Computern oder sogenannten „Convertible"-PCs (eine Mischung aus Laptop und Tablet) realisieren.[2]

Ein weiteres Beispiel: Im Projekt „Ethik der Werbung in Zeiten des medialen Wandels", gefördert durch die Deutsche Forschungsgemeinschaft (DFG), standen wir als Projektteam unter anderem vor der Herausforderung, 30 Jahre Material inhaltsanalytisch zu untersuchen. Vor uns türmte sich ein Berg von insgesamt 600

---

1   Auch hier macht der technologische Fortschritt natürlich nicht halt, denn es gibt „intelligente" Scanner, die Dokumente einlesen und aufgrund von Vorgaben in einen Datensatz umwandeln. Die Technik ist jedoch oftmals zu teuer, um sie zum Beispiel in studentischen Projekten einzusetzen. Nicht jeder Student kann sich einen solchen Scanner leisten und wenn Universitäten diesen zur Verfügung stellen, ist ihr Einsatz oftmals nicht sehr flexibel, oder die Warteschlange entsprechend groß.
2   Die Tablets müssen in diesem Fall bestimmte Voraussetzungen erfüllen. Da wir hier mit Microsoft Excel arbeiten und darin Makros programmieren, muss ein Tablet damit natürlich kompatibel sein, das heißt VB-Programmcode unterstützen und solchen ausführen können. Man könnte auch auf andere Software umsteigen. Für iPads oder Android-Tablets gibt es zum Beispiel Apps, die für Befragungen und Interviews konzipiert wurden. Der Nachteil ist jedoch oftmals, dass eine Internet-Verbindung notwendig ist, um die Daten in der „Cloud" oder auf den Servern der Anbieter zu speichern. Hinzukommt, dass diese Apps oftmals kostenpflichtig sind und das auch der Datenschutz in Sachen „Cloud" natürlich eine nicht unwesentliche Rolle spielt. Wer über eigenen Webspace verfügt, kann zum Beispiel auf die freie Umfrage-Software „LimeSurvey" zurückgreifen. Des Weiteren kann Webspace (bzw. ein Webserver) mit Programmen wie „XAMPP" auf dem eigenen PC (oder Laptop) simuliert werden, wodurch die Verbindung zum Internet nicht notwendig ist, da die Daten lokal auf dem Rechner gespeichert werden.

1 Einleitung

Ausgaben mit zig tausenden Artikeln auf.[3] Wir mussten effizient vorgehen, da die Zeit natürlich wie immer begrenzt und dementsprechend kostbar war. Das hierzu entwickelte Codesheet, das die Datenerhebung in Excel und in digitaler Form ermöglichte, automatisierte dabei gänzlich den Punkt der Datenübertragung. Dadurch sparten wir Zeit und konnten uns schneller der Analyse widmen.

***

Das vorliegende Buch ist in zwei Bereiche gegliedert, einen theoretischen und einen praktischen Bereich bzw. in drei größere Teile aufgeteilt. Der erste Teil führt nochmals kurz in das Themengebiet der empirischen Sozialforschung ein und bespricht das grundlegende Vorgehen bei Inhaltsanalysen sowie Befragungen (Kapitel 2). Der zweite Teil liefert eine kleine Einführung in Excel und erläutert dessen allgemeinen Aufbau sowie Funktionsweise (Kapitel 3). Dort wird auch nähergebracht, was sogenannte „Makros" sind, wie man sie aufzeichnet, editiert und selbst erstellt (Kapitel 4). Das ist notwendig, da Makros wesentliche Funktionen innerhalb des Codesheets bzw. Fragebogens übernehmen – ohne diese geht es also nicht. Makros werden in der Programmiersprache „Visual Basic" geschrieben, deshalb wird auch darauf eingegangen, sodass es auch ohne Vorkenntnisse möglich sein wird, den Makro-Programmcode zu verstehen. Anschließend folgt der praktische Bereich des Buches, der zunächst allgemeine Vorbemerkungen zur Datenerhebung mit Excel darlegt (Kapitel 5) und dann in der Konstruktion eines Codesheets (Kapitel 6) bzw. eines Fragebogens besteht (Kapitel 7). Abschließend wird in einem kurzen Ausblick vorgestellt, wie die Datenauswertung automatisiert werden kann (Kapitel 8). Beginnen wir also zunächst mit einem Exkurs zur empirischen Sozialforschung.

---

3 Wir haben zwei Fachmagazine der Werbung über einen Zeitraum von insgesamt 30 Jahren analysiert und dazu eine Stichprobe (20 %) gezogen, woraus sich die Anzahl von 600 Ausgaben ergab (2x30x10).

Empirische Sozialforschung   2

Empirische Sozialforschung ist ein „weites Feld". Sie kann hier deshalb nur begrenzt thematisiert werden. Es ist jedoch wichtig, dafür ein Verständnis zu entwickeln, da der Erfolg der eigenen Forschung unmittelbar mit diesem Verständnis zusammenhängt. Unter empirischer Sozialforschung kann man „eine Gesamtheit von Methoden, Techniken und Instrumenten zur wissenschaftlich korrekten Durchführung von Untersuchungen des menschlichen Verhaltens und weiterer sozialer Phänomene" (Häder 2015, S. 12) verstehen. Methoden sind wiederum systematisierte Handlungsanweisungen oder Regeln, die dabei helfen sollen, die ‚soziale Wirklichkeit' zu erforschen.

Um an Ergebnisse zu gelangen, gibt es unterschiedliche Wege. Die grundlegenden Methoden der empirischen Sozialforschung stellen die *Beobachtung* und die *Befragung* sowie die *Inhaltsanalyse* dar; auf letztere beiden werden wir uns im weiteren Verlauf konzentrieren. Mit Werner Früh (2007) lässt sich empirische Forschung und Wissenschaft nun wie folgt zusammenfassen:

> „Empirische Wissenschaft ist die systematische, intersubjektiv nachprüfbare Sammlung, Kontrolle und Kritik von Erfahrung. Ausgangspunkt der Forschung bildet eine Frage, Vorstellung oder Vermutung über reale Sachverhalte, also etwas Gedachtes, ein Begriff bzw. ein Problem. Es folgt der Versuch einer theoretischen Erklärung in Form von Hypothesen oder Theorien. Im dritten Schritt sind dann die theoretischen Erklärungsversuche durch den Einsatz bestimmter Methoden zu überprüfen, indem sie an konkreten, erfahrbaren Sachverhalten getestet werden." (S. 19)

Bei der empirischen Arbeit sind Regeln deshalb nicht nur sinnvoll, sondern schlichtweg notwendig, weil sich dadurch für andere erst die Nachvollziehbarkeit der eigenen Forschung ergibt. Es ist also wichtig, sein Vorgehen zu explizieren, damit andere ForscherInnen wiederum nachvollziehen und überprüfen können, wie man selbst gearbeitet hat. Nur so kann sichergestellt werden, dass man mit Forschung der

‚Wahrheit' auch etwas näher kommt. Die wissenschaftliche Erfahrung unterliegt, im Vergleich zur alltäglichen, also bestimmten Bedingungen.

Als ForscherInnen generieren wir *Daten*. Darunter werden jegliche Informationen verstanden, die mithilfe unserer Methoden gewonnen werden. Letztlich gibt es zwei Arten, die dabei unterschieden werden können, nämlich *quantitative* und *qualitative* Daten. Diese Unterscheidung hat unter WissenschaftlerInnen schon den einen oder anderen Streit verursacht und für viele hitzige Diskussionen gesorgt. Gestritten wurde und wird, welche Daten die ‚Wirklichkeit' besser abbilden können. Beide Formen sind letztlich wichtig und notwendig, wenn man ein Phänomen verstehen *und* erklären will. Im weiteren Verlauf werden wir uns jedoch lediglich auf die Erhebung *quantitativer* Daten beschränken.[4]

Mit quantitativen Daten möchte man Zusammenhänge erkennen, indem man Merkmale eines Objektes in Zahlen „umwandelt" und so messbar macht. Werner Früh (2007, S. 23) spricht hier von der Übersetzung eines „empirischen" in ein „numerisches Relativ", das dazu dient, bestimmte Annahmen bzw. unsere Theorie zu überprüfen. Folglich existiert ein soziales Phänomen, das wir mithilfe unserer Theorie erklären wollen. Wir nutzen dazu zum Beispiel ein Kategoriensystem, wenn wir inhaltsanalytisch vorgehen; oder wir versuchen Zusammenhänge durch Befragungen (genauer: in dem wir *Fragen* stellen) zu ermitteln. Mit unseren Kategorien (bzw. Fragen) erfassen wir also bestimmte Merkmale, die als *Variablen* bezeichnet werden und wiederum bestimmte Ausprägungen annehmen können. Oftmals wird in Befragungen beispielsweise die Variable *Geschlecht* erhoben, meist mit den Ausprägungen „männlich" und „weiblich". Neuere Debatten und Diskurse führen jedoch dazu, dass diese Ausprägungen erweitert werden. Der Netzwerk-Dienst *Facebook* bietet mittlerweile mehr als 60 Geschlechts-Ausprägungen zur Auswahl an. Das zeigt auch, dass Forschung stets aktualisiert werden muss, da die soziale Wirklichkeit einem stetigen Wandel unterliegt.

---

4 Gläser & Laudel (2010) haben in Microsoft *Word* ein Auswertungsverfahren realisiert, das, wie auch hier, auf sogenannten „Makros" basiert und für qualitative Inhaltsanalysen genutzt werden kann. Das Programm *MIA* („Makrosammlung für die qualitative Inhaltsanalyse") bieten die Autoren kostenlos auf ihren Internetpräsenzen an, zum Beispiel auf http://www.laudel.info/mia/ (letzter Zugriff: 16.7.2015). Leider wird „nur" die Integration der Makros vorgestellt und nicht der Programmiervorgang selbst, denn „MIA [ist] so konzipiert, dass die Nutzer nicht mehr selbst programmieren müssen. Vorausgesetzt werden lediglich elementare Kenntnisse im Umgang mit Computern und ein sicherer Umgang mit der Textverarbeitung WORD für Windows", wie es in der Anleitung zum Programm heißt, die ebenfalls unter dem Link zu finden ist.

2.1 Das Wichtigste: Eine konkrete Fragestellung

Generell hängt Forschung sehr stark davon ab, was überhaupt beobachtet werden soll. Eine konkrete Fragestellung bildet den Kern einer jeden Untersuchung und sollte daher immer am Anfang stehen. Wenn wir nicht wissen, was genau unser Problem ist, können wir auch keine Lösung finden. Wenn wir keine konkreten Fragen stellen, finden wir nur schwerlich Antworten darauf. Unser Forschungsinteresse bestimmt also erheblich den Verlauf unserer Arbeit und letztlich auch die Wahl der geeigneten Methode. Zum Beispiel ist das *Kategoriensystem* für Inhaltsanalysen essentiell. Es bildet die Grundlage der Datenerhebung und sollte dementsprechend „dicht" (Geertz, 1987) beschrieben und angelegt sein. Es ist mühsam und aufwendig, Rekodierungen vorzunehmen, wenn man viele offene Kategorien hat. In einigen Fällen lassen sich diese gar nicht vermeiden, weil der Gegenstand zum Beispiel noch wenig erforscht ist. Die Komplexität der Fragestellung bedingt natürlich auch die Komplexität des Kategoriensystems bzw. das Ausmaß der Fragen, die man zur Beantwortung heranziehen möchte. Wie man dabei vorgeht, wird gleich kursorisch gezeigt. Die einzelnen Methoden werden dabei jeweils knapp charakterisiert und das jeweilige Vorgehen dargestellt. Zunächst kommen wir nochmals genauer auf das Messen von Sachverhalten und Skalenniveaus zu sprechen.

2.2 Messung und Skalierung

SozialwissenschaftlerInnen, die quantitativ forschen, greifen zur Erklärung von Zusammenhängen auf Zahlen zurück, die wiederum das Resultat von *Messungen* sind. Sehr basal ausgedrückt heißt „etwas messen", einem Objekt oder einer Objekteigenschaft einen Zahlenwert gemäß bestimmter Regeln zuzuweisen. Man sagt auch, dass einem *empirischen Relativ* ein *numerisches Relativ* zugeordnet wird. Wir nehmen also Messungen von Merkmalen vor und erstellen am Ende eine Häufigkeitsverteilung. Hierzu ein Beispiel: In einem Korb liegt eine bestimmte Anzahl von grünen und roten Äpfeln. Das Objekt „Apfel" kann also die Objekteigenschaft „rot" oder „grün" besitzen. Durch einfaches Zählen („messen") wird nun die Verteilung der Objekteigenschaften (der „Merkmale") bestimmt. Die Merkmale können jedoch oftmals nicht direkt erfasst werden, weshalb wir *Indikatoren* benötigen, die auf jene Merkmale hinweisen. Im Fall unserer Äpfel ist der Indikator die andere Farbe, das heißt andere Sättigungs-, Kontrast- oder Helligkeitswerte, die wir jeweils unterschiedlich *wahrnehmen* und uns dazu dienen, eine Differenz herzustellen und eine Zuordnung vorzunehmen.

Letztlich werden die Messungen jedoch nicht „irgendwie" durchgeführt, sondern unterliegen bestimmten Anforderungen, wie zum Beispiel der „homomorphen Abbildung" (Homomorphie), der „Strukturgleichheit" (Isomorphie) oder der „Präzision" (vgl. ausführlich: Küchenhoff 2006, S.154-5). Wenn man nun einem Merkmal eine Zahl zuweist, dann kann diese Zuweisung verschiedene Bedeutungen haben und „[w]elche Bedeutung diesen Zahlen zukommt und welche Operationen auf diese Zahlen angewendet werden dürfen, beschreibt das so genannte *Skalenniveau* oder kurz: *Niveau*" (Küchenhoff 2006, S. 157; Herv. i. O.).
Grob kann man die Skalen in *nicht-metrische* und *metrische* Skalen differenzieren. Der Unterschied besteht darin, dass man mit (quasi-)metrischen Skalen (bzw. Messwerten) Rechenoperationen durchführen kann. Folgende Skalenniveaus gibt es:

- Nominalskala (nicht-metrisch)
- Rang- / Ordinalskala (quasi-metrisch)
- Intervallskala (metrisch) & Verhältnis-/ Ratioskala (metrisch)

2.2.1 Nominalskala

Die *Nominalskala* wird bei qualitativen Daten genutzt. Deren Ausprägungen oder Messwerte stehen jedoch in keinem rechnerischen Verhältnis zueinander. Dementsprechend sind die Zuordnungen (Messungen) beliebig und können als solche auch willkürlich umgeordnet werden. In quantitativen Vorhaben werden oftmals *binär* bzw. *dichotom* ausgeprägte Variablen genutzt, also Variablen, die zweistufig sind und die Ausprägung „0/1" besitzen. Zwischen diesen Merkmalen besteht somit keine numerische Reihenfolge, sie kann jedoch *logisch* sein. Ein Beispiel soll dies verdeutlichen: Nehmen wir an, wir wollen durch eine Frage herausfinden, welche Hobbies eine Person hat. Die vorgegebenen Kategorien könnten zum Beispiel „Fußball spielen", „Klavier spielen" oder „Lesen" sein. Die ‚Ordnung' der Kategorien könnte dabei auch umgekehrt sein, da sie in keinem numerischen Verhältnis zueinander stehen, denn „[b]ei einer Nominalskala ist (...) auch durch die sachlogische Reihenfolge der Merkmalsausprägungen keine Ordnung der Merkmalsausprägungen vorgegeben" (Küchenhoff 2006, S. 158). Die Merkmalsausprägung wäre dann jeweils „0/1", also „nicht-vorhanden/vorhanden". Genauer könnte man sagen, dass es sich bei Messungen auf nominalem Niveau nicht um Messungen als solche, sondern lediglich um einen Klassifikationsakt handelt, da man nur eine Einteilung bzw. Zuordnung vornimmt und letztlich bestimmt, ob die jeweiligen Kategorien zutreffen oder nicht (vgl. Früh 2007, S. 32).

2.2.2 Rang- bzw. Ordinalskala

Anders ist der Zusammenhang bei *Rangskalen* bzw. Messungen auf *ordinalem* Niveau. Hier besteht eine Rangordnung bzw. Reihenfolge zwischen den Merkmalen, das heißt etwas ist also *mehr* oder *weniger* wert, *größer* oder *kleiner* bzw. *besser* oder *schlechter*. Folglich besteht das Verhältnis in einer „Über-/Unterordnung, der Vor-/Nachzeitigkeit, des Mehr/Weniger oder Besser/Schlechter" (Früh 2007, S. 32). Die Rangordnung sagt jedoch nichts darüber aus, wie groß der Abstand der einzelnen Werte ist, deshalb spricht man hier von einer *quasi-metrischen* Skala, mit der man in bestimmten Fällen auch Rechnungen durchführen kann. Damit ist im Grunde gemeint, „dass auch Skalen mit nur drei, vier oder fünf Skalenpunkten so behandelt werden, als ob die Abstände zwischen den einzelnen Skalenpunkten gleich groß wären. Als Folge dieser Annahme werden dann Berechnungen durchgeführt, die strenggenommen nicht zulässig sind" (Brosius, Haas & Koschel, 2012, S. 38). Ein häufig diskutierter Fall sind zum Beispiel die Schulnoten.

2.2.3 Intervall- und Ratioskala

Rechnungen können immer dann durchgeführt werden, sobald die Variablen auf Intervallskalen bzw. Verhältniskalen (Ratioskala) beruhen, denn hier liegt eine *metrische* Skalierung vor. Die gemessenen Merkmale lassen sich dabei in *diskrete* und *stetige* Merkmale unterscheiden, wobei diskrete Merkmale „einzelne isolierte Zahlen als Ausprägung [besitzen], die abzählbar sind" und stetige Merkmale „ein ganzes Zahlenintervall ausfüllen" (Küchenhoff 2006, S. 160). Im letzteren Fall sind die einzelnen Ausprägungen also nicht mehr abzählbar, weil sie sich unendlich oft teilen lassen. Der Unterschied zwischen Intervall- und Verhältniskalen besteht darin, dass bei Verhältniskalen ein ‚natürlicher Nullpunkt' vorhanden ist und bei Intervallskalen nicht. Bei Zeit-, Längen- oder Volumen-Messungen existieren natürliche Nullpunkte – 40cm sind zum Beispiel doppelt so lang wie 20cm. Bei Temperaturen ist der Nullpunkt jedoch willkürlich festgelegt, weshalb zum Beispiel 10 °C nicht doppelt so warm sind wie 5 °C – hier bleibt zwar der Abstand gleich, das heißt 30°C sind ebenfalls 5°C wärmer als 25°C, nicht aber das Verhältnis (25°C entsprechen nicht 5/6 von 30°C).

2.2.4 Skalierungsverfahren

Die Skalierungsverfahren dienen dazu, „Daten zu erhalten, die erstens die verwendeten theoretischen Konstrukte adäquat repräsentieren und zweitens für eine leistungsfähige statistische Auswertung geeignet sind" (Küchenhoff 2006, S. 162). Grundsätzlich wird in *direkte* und *indirekte* Verfahren unterschieden, die jedoch immer das Ziel haben, die Objektmerkmale reliabel und valide wiederzugeben. Die *Reliabilität* eines Instruments bezieht sich dabei auf die Verlässlichkeit der Daten, das heißt man untersucht, ob das Instrument auch bei mehreren ForscherInnen zu denselben (oder mindestens vergleichbaren) Ergebnissen führt. Die *Validität* bezieht sich wiederum darauf, ob das Erhebungsinstrument auch wirklich das misst, was es messen soll.

Direkte Verfahren zeichnen sind dadurch aus, dass die TeilnehmerInnen der Studie im Prinzip die Messung vornehmen. Die „quantitative Einordnung" (Küchenhoff 2006, S. 163) wird also von ihnen getroffen, nämlich dadurch, dass sie zum Beispiel einen Fragebogen ausfüllen und die Werte anschließend *direkt* in den Datensatz übertragen bzw. übernommen werden. (Gleiches gilt natürlich auch, sollte die ForscherIn den Fragebogen ausfüllen.) *Rating-Skalen* sind hierfür ein typisches Beispiel, denn hier wird auf einer mehrstufigen Skala eine Zuordnung vorgenommen (eine Auswahl getroffen) und die dabei entstehenden Werte werden direkt zur Auswertung genutzt. Bewährt haben sich dabei fünf- oder siebenstufige Skalen, da sie einer metrischen Skala am nächsten kommen (die Abstände zwischen den Ausprägungen müssen dabei gleich sein). Dabei gilt zu beachten:

> „Je mehr Ausprägungen eine Rating-Skala besitzt, desto besser lässt sich damit zwischen unterschiedlichen Einschätzungen differenzieren, desto mehr Informationen erhalten wir durch die Messung. Andererseits darf die Fähigkeit der einschätzenden Person zur Differenzierung zwischen den einzelnen Ausprägungen nicht überschätzt werden." (Küchenhoff 2006, S. 165)

Von Fall zu Fall ist zudem zu unterscheiden, ob eine *gerade* oder *ungerade* Anzahl von Ausprägungen verwendet werden soll. Bei ungeraden Skalen wird der befragten Person die Möglichkeit zugesprochen, sich neutral zu positionieren, währenddessen eine gerade Skalierung eine solche Positionierung durch das Fehlen einer Mittelkategorie erzwingt.

Bei *indirekten* Verfahren ergibt sich der Messwert wiederum nicht direkt aus den Einschätzungen der TeilnehmerIn, sondern letztlich indirekt aus einer Reihe von Messungen. Typische Beispiele hierfür sind die *Likert-Skala*, das *semantische Differential* oder die *Guttman-Skala*. Die Likert-Skala basiert auf dem Prinzip einer Rating-Skala, nur das die Ergebnisse später additiv zusammengefasst werden. Ziel ist es dabei zum Beispiel, latente Merkmale zu erheben, die nicht direkt gemessen werden können – man geht sozusagen einen Umweg, indem man einen *Index* bildet, der für ein spezifisches Merkmalskonstrukt steht. Für die Indexbildung werden zum Beispiel *Faktorenanalysen* durchgeführt. Mit ihnen möchte man herausfinden, ob die zusammengefügten Faktoren (die unterschiedlichen Merkmale) auch dasselbe Phänomen messen. *Aggressionen* lassen sich zum Beispiel nur schwerlich direkt erfragen, sondern am ehesten noch beobachten. Um dieses latente Pesönlichkeitsmerkmal jedoch erheben zu können, werden Fragen gestellt, die indirekt auf dieses Merkmal abzielen und später zu einem Faktor „Aggressivität" gebündelt werden.

***

Jede sozialwissenschaftliche Messung erfordert ein Erhebungsinstrument bzw. ein methodisches Vorgehen. Nachfolgend werden nun zwei der wesentlichen Instrumente besprochen. Beginnend mit der Inhaltsanalyse, wird daran anschließend auf die Befragung eingegangen. Ziel der Ausführungen ist ein grundlegendes Verständnis dieser Methoden, um die spätere Konstruktion des Codesheets bzw. des Fragebogens besser verstehen und nachvollziehen zu können. Wer bereits theoretische Kenntnisse besitzt und eigene Erfahrungen gemacht hat, für den werden die beiden Abschnitte lediglich Wiederholungen darstellen.

2.3 Grundlagen der Inhaltsanalyse

Mithilfe der Inhaltsanalyse lassen sich unter anderem Texte, Bilder oder Filme systematisch untersuchen und auswerten. Systematisch heißt, dass das Material nicht willkürlich, sondern regelgeleitet und anhand einer Fragestellung untersucht wird. Das Material wird dabei oftmals nicht in Gänze, sondern mithilfe einer Stichprobe untersucht, die ebenfalls einer systematischen Auswahl, der *Stichprobenziehung*, unterliegt. Die Anwendbarkeit der Methode ist dabei nicht nur auf Massenkommunikation beschränkt, sie kann gleichsam zur Analyse von Werbeanzeigen, literarischen Texten oder Ratgeberliteratur (sowie vieles mehr) verwendet werden. Ziel ist es jedoch immer, *Inferenzen* herzustellen, das heißt von textimmanenten Merkmalen auf textexmanente Phänomene zu schließen; also Schlussfolgerungen zu ziehen. Klaus Merten (1995) definiert die Inhaltsanalyse als *„eine Methode zur Erhebung sozialer Wirklichkeit, bei der von Merkmalen eines manifesten Textes auf Merkmale eines nichtmanifesten Kontextes geschlossen wird"* (S. 59; Herv.i. O.). Man könnte Textinhalte also hinsichtlich ihrer Produzenten untersuchen. Außerdem könnte man fragen, wie sich bestimmte Akteure in bestimmten Medien äußern. Im erwähnten DFG-Projekt „Ethik der Werbung" wurde mithilfe einer quantitativen Inhaltsanalyse untersucht, welche *ethischen Probleme* von Werbepraktikern geäußert werden, um daraufhin Rückschlüsse auf das Feld der Werbung zu ziehen. Weitere Anwendungsgebiete sind zum Beispiel die Analysen politischer Kommunikation, die Propagandaforschung oder die Untersuchung des zeitlichen Verlaufs bestimmter Themen innerhalb der Berichterstattung. Ebenso werden Inhaltsanalysen in der Gewaltforschung eingesetzt, so etwa innerhalb der Kommunikationswissenschaft, die zum Beispiel das Phänomen „Gewalt in Medien" mithilfe der *Kultivierungshypothese* analysiert.

Die Inhaltsanalyse bietet viele Vorteile, so können ForscherInnen auf ‚nicht-reaktives' Material zurückgreifen, das heißt auf Material, das sich nicht mehr verändert bzw. durch externe Einflüsse „verfälscht" wird, denn bei einer Befragung können die Fragen *Reaktanz* hervorrufen und so die Antworten beeinflussen. Außerdem kann Material untersucht werden, das von Personen stammt, die längst nicht mehr leben. „Der Forscher ist unabhängig von der physischen Anwesenheit der Personen, Tote kann man nicht befragen, oder sie als Versuchspersonen in einem Labor einsetzen", wie es Brosius et al. (2012, S. 141) formulieren. Da sich der Gegenstand nicht verändert, lassen sich Inhaltsanalysen auch beliebig wiederholen, das heißt kritisch überprüfen, wenn wir ein Ergebnis anzweifeln; gleichwohl dem natürlich auch Grenzen gesetzt sind. Wie geht man bei Inhaltsanalyse nun vor? Zunächst benötigen wir eine Fragestellung und stellen dementsprechend Hypothesen auf, die wir ‚testen' wollen.

2.3.1 Fragestellung und Hypothesen

Ohne eine konkrete *Fragestellung* bzw. einem Erkenntnisinteresse gibt es auch keine Forschung. „Das Ziel einer Untersuchung hat einen unmittelbaren Einfluss auf alle weiteren Schritte der Untersuchung" (Merten 1995, S. 316), dieser Feststellung von Klaus Merten ist im Grunde nichts mehr hinzuzufügen. Quantitative Forschung ist meist *deduktive* Forschung, das heißt man stellt Hypothesen auf, die überprüft (‚verifiziert' bzw. ‚falsifiziert') werden sollen. Eine *Hypothese* ist dabei als Zusammenhang zwischen (mindestens) zwei Variablen zu verstehen. Wir könnten uns zum Beispiel für die Gewaltdarstellung im Fernsehen interessieren. Eine Frage könnte dann sein, wie häufig Gewalt im Fernsehen dargestellt wird. Eine Hypothese, die wir in diesem Zusammenhang überprüfen könnten, wäre: *In Deutschland zeigt der öffentliche Rundfunk in seinem Fernsehprogramm weniger Gewalt als der private*

2.3 Grundlagen der Inhaltsanalyse

Rundfunk. Haben wir uns für eine Fragestellung entschieden und Hypothesen gebildet, geht es als nächstes darum, festzulegen, wie und womit wir diese Frage beantworten wollen. Wir legen dazu verschiedene Einheiten fest.

2.3.2 Die Bestimmung der Einheiten

Patrick Rössler (2010, S. 41-5) benennt vier grundlegende Typen von Einheiten: die *Auswahleinheit* (sampling unit), die *Analyseeinheit* (recording unit), die *Codiereinheit* (content unit) und die *Kontexteinheit* (context unit)[5]. Zunächst legen wir also fest, mithilfe welchen Materials wir unsere Frage beantworten *können*, bzw. legt die Auswahleinheit fest, „welches Medienmaterial inhaltsanalytisch zu untersuchen ist" (Rössler 2010, S. 42). Es würde sicherlich niemand auf die Idee kommen, Printmedien als *sampling unit* zu wählen, würde man Fernsehbeiträge analysieren wollen. In unserem Beispiel interessiert uns Gewalt im Fernsehen, unsere Auswahleinheit wäre also audio-visuelles Material im Medium „Fernsehen". Was (oder wie viel) genau wir nun dort untersuchen, legen wir fest, indem wir die *Grundgesamtheit* bestimmen:

> „Die Grundgesamtheit einer Inhaltsanalyse bestimmt sich, aus der Forschungsfrage abgeleitet, nach zwei Kriterien: dem zu untersuchenden Zeitraum und dem zu untersuchenden Medium." (Brosius et al. 2012, S. 152)

In unserem obigen Beispiel bestünde die Grundgesamtheit in allen öffentlichen und privaten Sendern der BRD, die audio-visuelles Material verbreiten. Da Vollerhebungen oftmals sehr aufwendig und dazu meist auch noch teuer sind, ist es sinnvoll (oder nahezu notwendig), eine Stichprobe aus der *Grundgesamtheit* zu ziehen. Unsere *Stichprobe* wäre demgemäß nur ein Teil dieser Grundgesamtheit, die diese bestenfalls als Ausschnitt *repräsentiert*. Es gibt verschiedene Möglichkeiten eine Stichprobe zu ziehen, angewendet werden meist *einfache* oder *systematische Zufallsauswahlen* sowie *Klumpenstichproben*. Außerdem besteht die Möglichkeit, die Fälle *bewusst* und nicht zufällig auszuwählen. Eine Stichprobe wird häufig

---

5 Auf die Darstellung der Kontexteinheit wird hier verzichtet. Es handelt sich dabei, sehr kursorisch formuliert, um ein Hilfskonstrukt, das den CodiererInnen erlaubt Kontextinformationen zur Codierung heranzuziehen, falls dies notwendig ist: „Zum Beispiel ist es für die korrekte Erfassung der Aussage: ‚Sie besuchte anschließend den Soldatenfriedhof in Washington' erforderlich, dass ein weiterer Kontext herangezogen wird – in diesem Fall die Tatsache, dass der Satz in einem Artikel über Bundeskanzlerin Merkels USA-Reise stand" (Rössler 2010, S. 45).

auch *Sample* genannt und beinhaltet letzten Endes das ganze Material, das zur Beantwortung der Fragestellung herangezogen und innerhalb der Analyse genutzt werden soll.[6]

Als nächstes müssen wir unsere *Analyseeinheit* festlegen. Sie bildet die Grundlage unserer Codierung und enthält die *Merkmalsträger*, das heißt die Informationen, die für die Analyse notwendig sind. Der Artikel stellt zum Beispiel eine typische Analyseeinheit für Untersuchungen von Printmedien dar. Würden wir unsere obige Fragestellung konkretisieren und zum Beispiel danach fragen, wie Gewalt in Nachrichten-Sendungen vorkommt, könnten wir auch dort den einzelnen Nachrichten-Beitrag (analog zum Artikel) als Analyseeinheit definieren. Insgesamt gilt, dass die Festlegung wichtig ist, „weil die Ergebnisse alle in Bezug auf diese Analyseeinheit zu sehen sind" (Brosius et al. 2012, S. 155). Jedoch wird nicht nur die Vergleichbarkeit hergestellt, sondern auch die *Codierung* selbst strukturiert. Eine Sendung, um bei unserem Beispiel zu bleiben, besitzt einen Anfang und ein Ende (ein Artikel hat eine Überschrift, einen Lead-Teil usw.), wodurch die jeweiligen Analyseeinheiten relativ gut voneinander zu unterscheiden sind und von den CodiererInnen daher auch gut als solche identifiziert werden können. Wir wissen also nun, was untersucht werden soll („Gewalt") und womit (Inhaltsanalyse) bzw. wo wir unsere Antworten „finden" (Fernsehen).

Anschließend müssen wir uns noch überlegen, wie genau wir die Informationen bzw. die *Merkmale* der Merkmalsträger (TV-Sendungen) extrahieren wollen. Hierzu entwickeln wir ein *Kategoriensystem*, das aus Codiereinheiten besteht. Jede *Codiereinheit* „benennt diejenigen Aspekte, die an dem Medienmaterial interessant sind, um die Forschungsfrage zu beantworten und durch die Kategorien adressiert werden" (Rössler 2010, S. 44).[7] Kategorien können grundsätzlich *theoretisch*, *analytisch* und/oder *empirisch* entwickelt werden und lassen sich in *formale* und *inhaltliche* Kategorien (und weiteren Unterformen) einteilen (vgl. hierzu Brosius et al. 2012, Kap. 9; Rössler 2010, S. 44-5). Das Kategoriensystem besteht dann wiederum aus sämtlichen Kategorien und unterliegt bestimmten Anforderungen: Die Kategorien sollten *vollständig* und *trennscharf* sein (vgl. Früh 2007, S. 89). Vollständig meint, dass das Kategoriensystem auch alle Kategorien enthält, die ein soziales Phänomen ausmachen könnten. Da dies schwierig ist, wird die Kategorie

---

[6] Unser Sample könnte natürlich noch eingegrenzt werden, indem man zum Beispiel keine Zufallsauswahl, sondern eine bewusste Auswahl trifft und Fälle aufgrund bestimmter Merkmale aufnimmt. Man könnte dann wiederum sagen, dass nur Spielfilme ab 20 Uhr untersucht werden usw. Zu Auswahlverfahren allgemein sei auf Brosius et al. (2012, Kap. 4) verwiesen.

[7] Ich verwende die beiden Begriffe „Kategorie" und „Codiereinheit" im weiteren Verlauf synonym.

2.3 Grundlagen der Inhaltsanalyse

Sonstiges oftmals als „Notlösung" verwendet. Gerade bei Phänomen, die wenig erforscht sind, ist das sinnvoll (und notwendig), jedoch auch nur dann, wenn eine spätere Rekodierung stattfindet. Außerdem sollen Kategorien trennscharf sein und keine Überschneidungen mit anderen Kategorien des Kategoriensystems aufweisen; sie sollen sich also wechselseitig ausschließen. Man könnte es daher so formulieren: Ein *Kategoriensystem* stellt einen strukturellen Rahmen dar, der einen Bedeutungszusammenhang eingrenzt, innerhalb dessen die einzelnen Bedeutungen und ihre Beziehungen durch die jeweils einzelnen Kategorien (und nur durch sie) repräsentiert und erfasst werden sollen. Oftmals finden wir die Kategorien jedoch nicht direkt im Material wieder, sondern nur ihre *Indikatoren*:

> „Empirische Äquivalente für nicht sinnlich wahrnehmbare Sachverhalte nennt man Indikatoren. Das theoretische Konstrukt ‚Angst' ist inhaltsanalytisch unmittelbar identifizierbar, wenn im Text explizit das Wort ‚Angst' steht. [Es gibt jedoch auch] indirekte Bezeichnungen bzw. Indikatoren für Angst: Fluchtartiges Verlassen der Stadt, Massendrang zu ärztlichen Untersuchungen […] usw." (Früh 2007, S. 88).

Indikatoren verweisen also auf Kategorien und sollten deshalb auch vollständig sowie trennscharf und zudem noch *exklusiv* sein, das heißt nur für die jeweilige Kategorie gelten. Wie differenziert die Kategorien nun aufgelöst, sprich inwiefern noch Sub-Kategorien usw. entwickelt werden, hängt erneut vom Forschungsinteresse ab. Grundsätzlich gilt, dass „überflüssiger Ballast" (Früh 2007, S. 83) vermieden werden soll, der in Ausdifferenzierungen besteht, die nichts zur Beantwortung der Forschungsfrage beitragen.

2.3.3 Codebuch und Codebogen

Sind alle Vorbereitungen getroffen und wurden alle Einheiten festgelegt, können diese anschließend in einem *Codebuch* festgehalten werden (bzw. findet dies immer schon parallel statt). Das Codebuch legt daher fest, was die CodiererInnen letztlich wie codieren sollen und ist folglich essentiell für eine (möglichst) übereinstimmende Codierung.[8] Nehmen wir an, uns stünden für die Codierung fünf Codierer zur Verfügung, die unser Sample bzw. das Material untersuchen. Diese sollen das Material nicht in fünffacher Weise bearbeiten, sondern so, als täte es nur einer. Das Codebuch liefert somit die notwendige Orientierung, da hier die Definitionen der Kategorien vorliegen und diese mithilfe von Beispielen verdeutlicht werden.

---

8 Hinsichtlich Reliabilität und Validität, das heißt den Gütekriterien von Kodierungen, sei zum Beispiel auf Früh (2007, S. 188-98) sowie Rössler (2010, Kap. 11) verwiesen.

Außerdem finden sich die *Codieranweisungen* im Codebuch wieder, das heißt eine Anleitung, wie mit dem Material und den Kategorien umgegangen werden soll. Die Codierung selbst findet wiederum unter Einsatz eines *Codebogens* statt. Wir erinnern uns, das Ziel des Buches ist es unter anderem, einen solchen Codebogen bzw. ein solches Codesheet in Excel zu erstellen, um die Codierung direkt am Rechner stattfinden zu lassen. Diese Vorgehensweise bietet Vor- und Nachteile, die Patrick Rössler (2010) wie folgt umschreibt:

> „Eine oft diskutierte Frage betrifft die *Dokumentation der Verschlüsselungsergebnisse* durch den Codierer. Oder auf den Punkt gebracht: Codierung in eine Datei oder auf Papier? Für die erste Lösung sprechen natürlich die Zeit- und Kostenersparnis – alle Daten liegen später fertig zur Weiterverarbeitung vor und können ohne eine erneute, fehleranfällige Dateneingabe unmittelbar analysiert werden. Andererseits hat die Erfassung auf Papier auch Vorteile: Sie macht die Codierung flexibler, denn sie ist unabhängig von der Verfügbarkeit eines Rechners; sie bietet außerdem eine höhere Datensicherheit, erleichtert die Abstimmung bei Codierertreffen und verleiht dem Codiervorgang insgesamt eine größere Transparenz und Nachvollziehbarkeit. In vielen Fällen geht man deswegen immer noch klassisch vor und wendet ein zweistufiges Verfahren (Codierung auf Papier und anschließende Dateneingabe) an. Es gibt allerdings keine gesicherten Erkenntnisse darüber, welche Vorgehensweise effektiver und weniger fehleranfällig ist. Bei bestimmten Konstellationen – etwa wenn das Untersuchungsmaterial digital vorliegt und auch am Rechner bearbeitet wird – kann es das Handling sogar erheblich erleichtern, wenn Codes ebenfalls direkt am Bildschirm eingetragen werden. Dann ist von den Codierern jedoch unbedingt zu verlangen, dass die Codierungen regelmäßig auf einer Sicherheitskopie des Datenträgers (zum Beispiel einer Diskette) gespeichert werden, um unbeabsichtigtem Datenverlust durch versehentliche Löschungen, Überschreiben der aktuellen Version, Festplattenbruch oder Rechnerverlust vorzubeugen." (S. 184, Herv. i. O.)

Ich möchte auf einige seiner Punkte kurz eingehen. Er schreibt, die *Codierung auf Papier*

1. ...sei „flexibler" und „unabhängig von der Verfügbarkeit eines Rechners": Dieses Problem scheint heute keines mehr zu sein, gerade weil Laptops immer leichter, dünner und leistungsfähiger, das heißt flexibler, aber zugleich auch günstiger werden und nahezu alle StudentInnen einen solchen besitzen. Es ließe sich sonst zum Beispiel auch auf PC-Pools der Universitäten ausweichen.
2. ...böte „höhere Datensicherheit": Papier kann verloren gehen, durch Kaffee beschmutzt werden oder „in den Regen geraten" – in einigen Fällen wurde es auch vom Hund gefressen, wie schon manch eine StudentIn berichtet hat. In *beiden* Fällen ist darauf zu achten, sorgsam mit den Daten umzugehen und mögliche Sicherungen anzulegen. Patrick Rössler benennt dies explizit auch im weiteren

2.3 Grundlagen der Inhaltsanalyse

Verlauf des Zitats, nur dass heute dazu wohl kaum „Disketten" genutzt werden. Excel bietet zum Beispiel die Möglichkeit an, Sicherheitskopien in einem frei wählbaren Intervall anzulegen. Diese könnte man wiederum in der „Cloud" speichern, wobei hier natürlich Anbieter ausgewählt werden sollten, die über hohe Daten*schutz*richtlinien verfügen.[9]

3. ..."erleichtert die Abstimmung": Die Abstimmung findet in beiden Fällen zwischen den Menschen bzw. den CodiererInnen statt, das heißt ist unabhängig von der gewählten Methode zur Dokumentation. Der Vorteil des Einsatzes eines Rechners ist jedoch, dass Schulungen zum Beispiel mittels eines Projektors durchgeführt werden können und damit eine bessere Einsicht in die Vorgänge geboten werden kann.

4. ..."verleiht dem Codiervorgang [...] eine größere Transparenz und Nachvollziehbarkeit": Dieser Punkt will nicht überzeugen, denn eine Codierung – zum Beispiel mithilfe von Excel – bietet genügend Raum um das zu codierende Material mit in die Codierung einzubeziehen, ja es sogar später in die Ergebnisse mit zu übernehmen. So könnte jeder Code sein eigenes „Textfeld" erhalten (mehr dazu im weiteren Verlauf), wodurch eben jeder einzelne Code, jede einzelne Codierung transparent und nachvollziehbar gemacht werden könnte. Ein Blatt „Papier" ist begrenzt ein Excel „Arbeitsblatt" jedoch (fast) nicht. Auch warum ein Kreuz (ein Code) auf einem Stück Papier eine „größere" Nachvollziehbarkeit besitzt, bleibt offen; im Gegenteil: sie ist weniger nachvollziehbar, weil die Textstellen, die kodiert wurden, auf Papier meistens fehlen.

Ein Punkt, den Patrick Rössler nicht angesprochen hat, ist der, dass Codierungen, die digital vorliegen, natürlich sehr einfach verändert und damit auch schnell verbessert werden können.[10] Zudem ist es ebenso einfacher, Kategorien hinzuzufügen, zu ändern oder anzupassen. Man stelle sich nur folgendes Szenario vor: Ein Codierer hat einen „klassischen" Codebogen auf Papier bearbeitet. Wir stellen fest, dass sich der Codierer bei der letzten Kategorie des Blattes, nachdem er die 39 anderen sauber bearbeitet hatte, scheinbar nicht mehr sicher war. Wir können kaum entschlüsseln, welche Ausprägung der Kategorie er gewählt hat (er selbst auch nicht mehr). Muss der Codierer das Blatt erneut ausfüllen? Auch wenn die

---

9   Eine andere Möglichkeit wäre es, die eigenen Daten zu verschlüsseln, zum Beispiel durch *Boxcryptor*. Das ist eine Software, die unter anderem auch mit *Dropbox* kompatibel ist und die Daten so vor ungewünschten Blicken – auch denen von Dropbox selbst – schützt.

10 Natürlich lassen sich die Daten dadurch auch besser manipulieren. Die Dokumentation auf Papier hat dann den Vorteil, dass Manipulationen nachvollzogen werden können, aber nur dann, wenn den Codierbögen eine fortlaufende Nummer vergeben wurde – ansonsten ließe sich einfach ein neuer Codebogen nutzen.

Darstellung natürlich überspitzt ist, so bietet die digitale Variante hier den Vorteil, dass man in einfacher Weise Daten rekodieren kann, ohne dabei alle anderen Codes verwerfen zu müssen. Im Allgemeinen ist die Datenbereinigung also komfortabler am Rechner durchzuführen. Ich stimme jedoch Patrick Rössler (2010, S. 185) zu, wenn er schreibt: „Egal auf welche Art die Datenerfassung erfolgt, in jedem Fall ist dem Codierer ein übersichtliches, gut gegliedertes und leicht ausfüllbares Formular zu Verfügung zu stellen."

2.3.4 Schulung, Pretest und Haupterhebung

Nachdem wir unsere Kategorien festgelegt und das Codebuch sowie das Codesheet erstellt haben, folgt die *Schulung* der CodiererInnen. Dieser Punkt wird in der Projektplanung oftmals nicht genug gewürdigt. Man sollte hier unbedingt bedenken, dass die Qualität der Daten und somit der Erfolg des Forschungsvorhabens, von dem Können der eingesetzten CodiererInnen abhängt, so man denn nicht alles selbst codiert. Nach der Schulung (den Schulungen!) folgt der *Pretest*, „denn erst in der praktischen Anwendung zeigt sich, ob die entwickelte methodische Logik auch im Feldeinsatz bestehen kann" (Rössler 2010, S. 175). Sollte dabei alles funktionieren, was es der Regel wohl kaum beim ersten Mal der Fall sein wird, folgt die *Haupterhebung*. Die Haupterhebung besteht in der *Codierung* des Materials, wodurch letztlich der *Datensatz* generiert wird, den wir auswerten wollen. Nach der Auswertung folgt abschließend der Bericht.

***

Nachfolgend sind nun nochmals alle Phasen der Inhaltsanalyse zur Übersicht aufgelistet:

1. Fragestellung entwickeln, Hypothesen aufstellen
2. Grundgesamtheit definieren und Stichprobe ziehen
3. Einheiten festlegen (Auswahl-, Analyse-, Codier- sowie ggf. Kontexteinheit)
4. Kodierbogen (Codesheet) und Codieranweisungen (Codebuch) anfertigen
5. Schulung der CodiererInnen (nicht vernachlässigen!)
6. Pretest, Prüfung der Reliabilität und Validität; eventuell Revision der Kategorien
7. Haupterhebung / Codierung
8. Datenübertragung und -auswertung
9. Abschlussbericht

2.4 Grundlagen der Befragung

In der empirischen Sozialforschung ist die *Befragung* (oftmals synonym: Interview) eine sehr häufig verwendete Methode, um Daten zu generieren, das heißt Meinungen, Wissen, Einstellungen oder Bewertungen von Personen zu erheben. Grundsätzlich wird auch hier in quantitative und qualitative Vorgehen differenziert. Quantitative Befragungen lassen sich unter anderem in *mündliche, schriftliche, telefonische* oder *internetgestützte* Formen unterscheiden. Der Ablauf einer Befragung wird auch nach dem Grad der *Strukturierung* differenziert, das heißt die Befragung kann weniger oder stärker strukturiert sein. In wenig strukturierten Interviews liegen eventuell nur wenige Fragen vor und die gesamte Interviewsituation ist offener gestaltet – so wie es oftmals bei qualitativen Vorhaben der Fall ist.

Stark strukturierte Interviews, auch *standardisierte* Interviews genannt, basieren hingegen auf der Prämisse, den Ablauf jedes einzelnen Interviews annähernd gleich zu gestalten, um dadurch den Einfluss von Störfaktoren zu reduzieren (zum Beispiel kann eine unterschiedliche Frageformulierung zu anderen Antworten führen usw.). Die Reduktion soll mithilfe von standardisierten, das heißt immer gleichbleibenden Fragebögen erreicht werden, die sowohl die Fragen als auch die Antwortmöglichkeiten bereits vorgeben. Sind alle Fragen und Antworten vorgegeben, spricht man auch von *geschlossenen* Fragen bzw. Antworten. Das hat gleichsam zu methodischer Kritik geführt, da die Methode den zu erforschenden Gegenstand nicht richtig zu erfassen vermag, weil man als ForscherIn die Antworten (und damit auch den Gegenstand) vordefiniert und für neue Antwortmöglichkeiten so meist gar nicht mehr offen ist. Hierauf kann man wiederum mit sogenannten ‚Auffangkategorien' (meist die Kategorie „Sonstiges") bzw. Ergänzungsoptionen reagieren, indem man *offene* Antworten zulässt, die von der interviewten Person frei ausgefüllt werden können (Antwortmöglichkeiten wären dann zum Beispiel: 1, 2, 3, Sonstiges, und zwar: …).

Innerhalb der empirischen Sozialforschung stellen die standardisierten Einzelinterviews die am häufigsten eingesetzte Erhebungsform dar (vgl. Schnell, Hill & Esser 2011, S. 317). So verwundert es nicht, dass diese Methode auch stark im Fokus der Methodenforschung steht und es sogar spezielle Studiengänge zur *Survey-Forschung* gibt. Wie man allein an diesem Punkt erkennen kann, ist ein Fragebogen nicht „nur" ein Fragebogen, sondern ein sehr spezieller Gegenstand, der wesentliche Kenntnisse seiner Konstruktion voraussetzt (vgl. Schnell et al. 2011, S. 336-40). Nachfolgend finden sich einige Prinzipien.

2.4.1 Frage- und Antwortqualität

Allein die Qualität einer Frage, das heißt deren Formulierung und Anordnung im Fragebogen, kann einen erheblichen Einfluss auf die Antwort nehmen (vgl. hierzu ausführlich Faulbaum, Prüfer & Rexroth 2009). Die Frage, „Findest du nicht auch, dass Schokoladeneis besser ist als Zitroneneis?", wäre eine typische *Suggestivfrage*, die eine Antwort schon vorwegnimmt, oder zumindest darauf hindeutet. Grundsätzlich gilt bei der Formulierung einer Frage, dass man *einfache Begriffe* und diese wiederum *eindeutig* verwenden sollte; dass man versucht, die Frage kurz und prägnant zu formulieren und dabei auf doppelte Verneinungen verzichtet. Folglich soll die Antwort einer Person so wenig wie möglich durch die Frage vorweggenommen oder beeinflusst werden, das heißt man muss darauf achten, dass die Frage *neutral* sowie *verständlich* ist und nichts in irgendeiner Form verzerrt.

Fragen und Antworten sind bei einer Befragung stets zusammen zu denken. Eine Frage gibt sozusagen den Bereich vor, der für die ForscherInnen im „Dunkeln" liegt; über den man mithilfe der Antworten etwas herausfinden möchte. Die Antwort, so hatten wir festgestellt, kann dabei offen oder geschlossen vorliegen. Gerade bei geschlossenen Antworten sollte daher sichergestellt werden, dass sie *eindeutig* und *vollständig* sind – ähnlich wie bei den Kategorien der Inhaltsanalyse. Die befragte Person, muss die Antwort eindeutig zuordnen können, das heißt die Antwortmöglichkeiten dürfen sich nicht überschneiden. Außerdem sollte auch keine Antwortmöglichkeit fehlen, das heißt die Vorgaben müssen vollständig sein, oder zumindest die schon angesprochenen „Auffangkategorien" beinhalten. Grundsätzlich lassen verschiedene Fragetypen und Antwortformen unterscheiden.

2.4.2 Fragetypen und Antwortformen

Schnell et al. (2011, S. 319) unterscheiden vier verschiedene Typen von Fragen. Ihr Einsatz ist davon abhängig, welche Informationen man von den TeilnehmerInnen der Befragung erhalten bzw. gewinnen möchte:

- Einstellungs- und Meinungsfragen
- Überzeugungsfragen
- Verhaltensfragen
- Fragen nach Eigenschaften

Einstellungs- und *Meinungsfragen* werden dann verwendet, sobald auf eine Einschätzung oder Beurteilung eines Gegenstandes oder Objekts abgezielt wird.

2.4 Grundlagen der Befragung

„Charakteristische Wendungen" sind dabei „erwünscht – unerwünscht", „lehne ab – stimme zu", „sollte – sollte nicht" usw. (vgl. Schnell et al. 2011, S. 319). Eine Frage könnte dann sein, „Sollten Ausländern, die länger als 10 Jahre in der Bundesrepublik Deutschland leben, das allgemeine Wahlrecht erhalten? Ja – Nein" (Schnell et al. 2011, S. 320). *Überzeugungsfragen* dienen zum Beispiel zur Ermittlung von ‚Wissen' über Sachverhalte, die faktisch zum Teil nicht überprüfbar sind – etwa die Frage, ob Gott existiert oder nicht – und deshalb die Überzeugungen der Personen wiedergeben.[11] Diese Fragen werden dazu genutzt, herauszufinden, was die TeilnehmerInnen für „wahr" oder „falsch" halten – wie es oftmals auch in Quiz-Shows geschieht. *Verhaltensfragen* beziehen sich wiederum auf Handlungen, die entweder schon vollzogen wurden, oder noch anstehen. Eine solche Frage wäre zum Beispiel: „Haben Sie jemals vor zu heiraten?" und kann dabei mit abgestuften Antwortmöglichkeiten versehen werden (nie – möglicherweise – auf jeden Fall). *Eigenschaftsfragen* zielen letztlich auf Erkenntnisse ab, die jeweils bezogen sind auf die Merkmale der Personen, die man befragt. Hierunter zählen zum Beispiel demographische Merkmale, oder deren Parteizugehörigkeit, ihre Konfession, aber auch Selbsteinschätzungen.

Des Weiteren können Fragen auf verschiedene Weise beantwortet werden. Man unterscheidet hier in *Einfach-* und *Mehrfachantworten*. Erstere sind exklusiv, das heißt eine Frage lässt nur eine Antwort zu, sprich man muss sich für eine konkrete Angabe entscheiden. Eine Frage wäre zum Beispiel, „Welches Hobby ist ihr liebstes?" und hier wäre nur eine Angabe möglich, denn „Lieblings"-Hobby" ist schon aus logischen Gründen dadurch definiert, exklusiv zu sein. Bei Mehrfachantworten sind hingegen beliebig viele Antworten auf eine Frage möglich – oftmals wird auch dies jedoch begrenzt, indem man die Maximalanzahl der Auswahl reduziert („Welche Hobbys haben Sie? Wählen Sie maximal drei von fünf zur Auswahl stehenden Tätigkeiten."). Die angeführten Aspekte sind also bei der Formulierung der Fragen zu beachten. Auch für die Fragebogenkonstruktion gelten bestimmte Prinzipien, die sich bewährt haben.

2.4.3 Fragebogenkonstruktion

Bei der *Konstruktion* eines Fragebogens sind im Wesentlichen zwei Dinge relevant: die *inhaltliche* und die *optisch-formale* Gestaltung. Beide Aspekte sind wichtig und beeinflussen sich gegenseitig. Zum einen sollte eine Frage inhaltlich präzise sein,

---

11 Schnell et al. (2011, S. 320) zählen hierzu auch die „Wissensfragen", das heißt Überzeugungsfragen zielen „auf Ansichten über nur kognitiv erfahrene Sachverhalte".

das heißt sie sollte die angedeuteten Kriterien „guter Fragen" erfüllen (vgl. Faulbaum et al. 2009). Zum anderen sollte der Fragebogen auch so gestaltet sein, dass die FragestellerIn zwischen den Fragen, Hinweisen oder Anweisungen in einfacher Weise unterscheiden kann – letzteres gilt umso mehr, sollte der Fragebogen von den TeilnehmerInnen selbst ausgefüllt werden (*schriftliche Interviews*). Die wechselseitige Beeinflussung von Inhalt und Form beschreiben Schnell et al. (2011) so:

> „Fragen werden in aller Regel (...) für einen bestimmten Fragebogen geschrieben, in dem Fragen im Kontext mit anderen Fragen stehen. So kann jede Frage (und die dazugehörige Antwort) nachfolgende Fragen so beeinflussen, dass sich die Beantwortung der Folgefragen entweder an der vorhergehenden Frage orientiert oder an der bereits gegebenen Antwort (,*Ausstrahlungseffekt*' oder ,*Halo-Effekt*')." (S. 336; Herv. i. O.)

Grundsätzlich ist es wichtig, darauf zu achten, dass die TeilnehmerInnen am Anfang das Gefühl erhalten, etwas zur Forschung beitragen zu können. Die erste Frage sollte daher etwas *allgemeiner* gewählt werden, sodass die Befragten nicht den Eindruck gewinnen, mit ihrer Teilnahme ihre Zeit zu vergeuden. Fragen, die auf *sensible Daten* zielen, sollten am Ende gestellt werden, denn hier ist die Abbruchwahrscheinlichkeit am höchsten. Zudem ist es wichtig, den TeilnehmerInnen am Anfang verständlich zu machen, worum es in der Befragung geht. Das *Ziel der Befragung* sollte also geklärt werden, damit sich die TeilnehmerInnen ein Bild verschaffen und ihre (möglicherweise) vorhandenen Bedenken abbauen können. Außerdem sollten die Befragten nicht mit Fragen „gelangweilt" werden, das heißt es sollte auf Fragen verzichtet werden, auf die sie keine Antworten geben können, weil die Fragen (oder die dahinterliegenden Inhalte) sie gar nicht betreffen. Hier ist es sinnvoll *Filterfragen* (synonym: Trichterfragen) zu verwenden. Sie dienen dazu, Fragen zu überspringen, sobald die TeilnehmerInnen bestimmte Merkmale nicht besitzen. Bei der Konstruktion des Fragebogens ist mit (Schnell et al. 2011, S. 337; Herv. i. O.) außerdem folgendes zu beachten:

- ein Themenbereich sollte immer mehrere Fragen beinhalten
- es sollten Fragenkomplexe gebildet werden, sobald mehrere Aspekte eines Themas abgefragt werden
- Überleitungsfragen sollten neue Fragekomplexe einleiten

Bei der Konstruktion des Fragebogens, aber auch bei Befragungen allgemein, sollte meines Erachtens darauf geachtet werden, *sparsam* mit den Fragen umzugehen. Man sollte sich also im Klaren darüber sein, wie eine Variable letzten Endes durch welche Frage abgebildet werden soll; und ob diese Frage auch tatsächlich notwendig ist. Ein „aufgeblähter" Fragebogen kann dazu führen, dass die TeilnehmerInnen die

2.4 Grundlagen der Befragung

Befragung abbrechen. Oftmals ist das der Fall, wenn Fragen redundant sind – oder sich zumindest so „anfühlen":

> „Als letzter Schritt der Fragebogenkonstruktion sollte noch einmal überprüft werden, in welchem Verhältnis die in den Fragebogen aufgenommenen Fragen zum Thema der Befragung bzw. zu den die Untersuchung leitenden Hypothesen stehen. (...) Die nochmalige Vergewisserung über das Ziel der Untersuchung kann zur Vermeidung solcher Fragen führen, die lediglich ‚irgendwie interessant', jedoch ohne theoretischen Wert sind. Idealerweise ist für jede Frage die spätere Analyseanwendung vorab klar." (Schnell et al. 2011, S. 339)

***

In den vorangegangenen Ausführungen wurde zunächst ein allgemeiner Überblick zur empirischen Sozialforschung gegeben und speziell zwei Erhebungsmethoden besprochen, nämlich die Inhaltsanalyse sowie die Befragung. Auf beide Methoden werden wir uns später beziehen, wenn wir uns jeweils mit der Konstruktion des Codesheets bzw. des Fragebogens befassen. Die nächsten zwei Kapitel sind eher ‚technischer' Natur. Zunächst wird das Programm Excel in seinen Grundzügen erklärt, wobei ich mich dabei auf *Excel 2013* beziehe und Grundkenntnisse voraussetze. Im daran anschließenden Kapitel wird näher auf die Programmierung von Makros eingegangen. Letztere sind wesentlich für bestimmte Funktionen innerhalb der Konstruktion.

Allgemeiner Aufbau und Funktionsweise von Excel 3

Excel ist eine Software zur Tabellenkalkulation, die vom US-amerikanischen Konzern *Microsoft* hergestellt bzw. programmiert wurde. Ihre Anwendung reicht dabei vom privaten Haushaltsbuch bis hin zur professionellen Nutzung im Rahmen von Forschung und Ökonomie. Mit Excel lassen sich einfache, jedoch auch komplexe Analysen anstellen, die dank zahlreicher Darstellungsmöglichkeiten schnell und einfach grafisch aufbereitet werden können. Hinzu kommt, dass Excel *Formeln* und *Funktionen* anbietet, die für eine gezielt statistische Anwendung nützlich und hilfreich sind.

Der Aufbau von Excel orientiert sich grundsätzlich auch an der Benutzeroberfläche der anderen Office-Programme. Zwar unterscheiden sich die einzelnen *Hauptregisterkarten* voneinander (die sog. „Reiter"), viele Funktionen sind jedoch ähnlich oder gleich. So lassen sich auch in Excel *Textformatierungen* vornehmen, aber sie bleiben vergleichsweise rudimentär. Excel ist dafür auch nicht geschaffen, seine Stärke liegt in der Verarbeitung von Zahlen und gerade deshalb ist es auch für quantitativ arbeitende SozialwissenschaftlerInnen interessant.

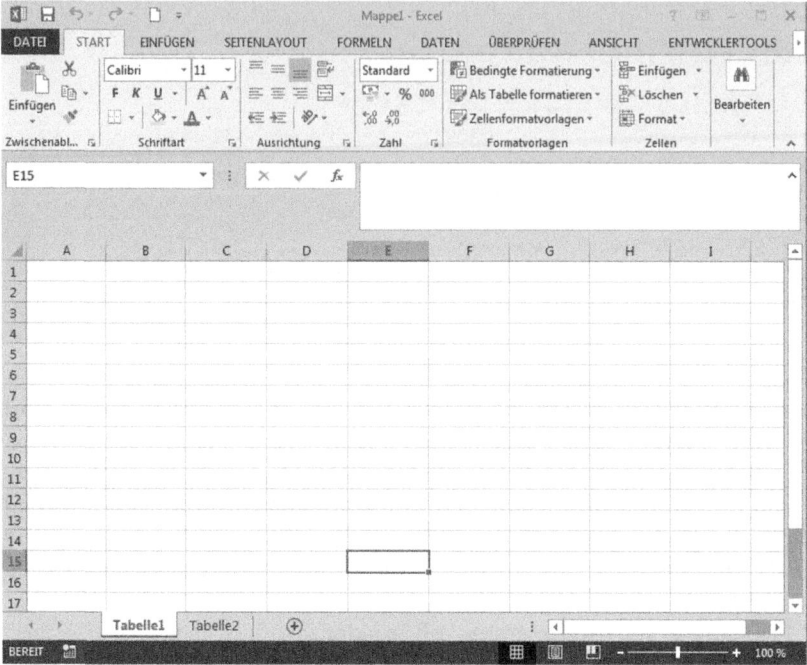

Abb. 3.1 Benutzeroberfläche von Excel 2013

3.1 Arbeitsmappen und Oberfläche

Einzelne Excel-Dateien werden als *Arbeitsmappen* (kurz: Mappe) bezeichnet. Darin „bewegen" wir uns später, wenn wir Daten erheben, aufbereiten und analysieren. Würden wir das Programm öffnen und eine neue Datei erstellen (eine leere Arbeitsmappe), dann hieße diese Datei vorläufig „Mappe1", eine weitere „Mappe2" usw. Ein spezifischer Name wird dann mit dem ersten Speichervorgang vergeben, so zum Beispiel „Codesheet.xlsx" oder „Fragebogen.xlsx". Ein Blick auf die *Oberfläche* zeigt nun zunächst Elemente zur Navigation (von oben nach unten): die Symbolleiste für den Schnellzugriff, die Hauptregisterkarten, das Menüband mit den jeweiligen Befehlen der Register sowie die Bearbeitungsleiste, in der die späteren Formeln und Werte ebenfalls eingegeben, ausgelesen oder verändert werden können. Danach folgen das aktive Tabellenblatt und eine weitere Leiste, die unter anderem der schnellen Layout-Anpassung dient (vgl. Abb. 3.1).

3.1.1 Schnellzugriff auf ausgewählte Befehle

Es bietet sich an, bestimmte Befehle der *Schnellzugriffleiste* hinzuzufügen. Die Leiste kann grundsätzlich über oder unter dem *Menüband* angezeigt werden. Durch einen Klick des nach unten zeigenden Pfeilsymbols lassen sich die Anpassungen vornehmen. Zunächst erscheinen von Excel vorgeschlagene Befehle. Mit einem Klick auf *Weitere Befehle* öffnet sich ein Fenster, indem nun die zusätzlichen Elemente zu finden sind. Aus der linken Spalte werden die Befehle angewählt und der rechten Spalte durch *Hinzufügen* zugeordnet. Die Pfeile am rechten Rand dienen dazu, die Hierarchie der Symbole und Befehle zu ändern. Über der linken Auswahlspalte steht zunächst *Häufig verwendete Befehle*, ein Klick und man erhält alle Auswahlmöglichkeiten, unter anderem geordnet nach Hauptregisterkarten. Die Auswahloption „Alle Befehle" zeigt dabei den immensen Umfang der Befehle, die grundsätzlich der Leiste hinzugefügt werden können. Warum ist der Schnellzugriff sinnvoll?

Bestimmte Befehle werden in der späteren Anwendung häufiger genutzt. Befindet man sich etwa im Hauptregister *Formeln*, muss man dieses nicht verlassen, wenn man eine Zelle zum Beispiel gelb einfärben möchte. Hat man festgestellt, dass eigentlich eine neue Zeile benötigt wird, kann man dies ebenso schnell einfügen, ohne dabei den Reiter wechseln zu müssen – insofern man dies vorher der Symbolleiste hinzugefügt hat. Grundsätzlich ist die Leiste also eine Hilfe, um bestimmte Befehle schneller finden und nutzen zu können, ohne erst in den Haupt- bzw. Unterregistern umständlich suchen zu müssen. Noch einfacher funktioniert es, wenn wir mit der rechten Maustaste auf das gewünschte Element klicken und *zu Symbolleiste für den Schnellzugriff hinzufügen* wählen. Sinnvoll ist es zum Beispiel die *Formularsteuerelemente* dort hinzuzufügen, weil wir diese Elemente oft benötigen und einsetzen werden (gleich mehr dazu).

Eine andere Möglichkeit, den Zugriff auf oft verwendete und wichtige Befehle zu beschleunigen, ist, das *Menüband* anzupassen und eigene Hauptregisterkarten zu erstellen. Dies gelingt ähnlich wie bei der Schnellzugriffleiste, jedoch klicken wir hierzu einfach mit der rechten Maustaste auf das *Menüband* und wählen *Menüband anpassen*. Erneut öffnet sich ein Dialogfenster, in dem wir aus den Befehlen wählen können. Wollen wir nun ein eigenes Register erstellen, zum Beispiel mit dem Namen „Favoriten", wählen wir unter der rechten Spalte *Neue Registerkarte* und schon wird es integriert. Anschließend lässt sich das eigene Register mit dem Befehl *umbenennen* in „Favoriten" datieren. Nun könnten wir aus den gesamten Befehlen wählen und ein eigenes Hauptregister zusammenstellen.

3.1.2 Tabellenblätter

Alle Daten werden in *Tabellenblätter* eingegeben (zum Beispiel „Tabelle1"). Der Name des Blattes lässt sich durch einen Doppelklick auf die vorhandene Beschriftung am unteren Rand ändern. Das Hinzufügen eines weiteren Tabellenblattes („Tabelle2") geschieht durch einen einfachen Klick auf das Plus-Symbol neben der Blattbeschriftung. Das aktive Tabellenblatt ist durch eine farbliche Hervorhebung gekennzeichnet, die sich durch einen Rechtsklick (dann *Registerfarbe*) ändern lässt. Außerdem kann die Größe der Bildlaufleiste angepasst werden, indem man die vertikale Punktierung anwählt und die Leiste seitlich nach eigenen Wünschen verschiebt. Bei vielen vorhandenen Blättern innerhalb einer Mappe kann sich somit etwas Übersicht verschafft werden. Sind irgendwann so viele Tabellenblätter vorhanden, dass diese nicht mehr auf einen Blick zu sehen sind, lässt sich mithilfe der kleinen Pfeil-Symbole, die sich links am unteren Rand neben den Blattbeschriftungen befinden, zu den jeweiligen Blättern navigieren.

3.1.3 Spalten, Zeilen und Zellen

Jedes Tabellenblatt besteht grundsätzlich aus *Spalten* und *Zeilen*. Spalten sind dabei durch Buchstaben gekennzeichnet, Zeilen wiederum durch Ziffern bzw. Nummern. Die Kombinationen aus Spalten und Zeilen werden *Zellen* genannt. Spalte „E" und Zeile „15" ergeben folglich die Zelle „E15". Spalten, Zeilen und Zellen lassen sich beliebig bearbeiten und zudem formatieren. Sie lassen sich kopieren, einfügen, verschieben oder löschen. Auch deren Erscheinung bzw. ihr Design lässt sich verändern. Falls Sie noch Excel-Neuling sind, probieren Sie es ruhig einmal aus. Zum Beispiel können wir die Farbe wählen, sowohl die des Hintergrundes als auch der Schrift, es lassen sich Breite und Höhe variieren usw. In die einzelnen Zellen können sowohl Zahlen als auch Text eingeben werden, wobei grundsätzlich mit jeder Zahl gerechnet werden kann, das heißt auch mit Datums- oder Zeitangaben sowie mit relativen Werten (Prozentwerte). Einige Angaben erkennt Excel dabei automatisch und wandelt diese entsprechend um.

3.1.4 Ansichten

Zur besseren Übersicht ist es meist sinnvoll, die oberste Zeile oder die erste Spalte „einzufrieren", das heißt im Layout zu *fixieren*. Der jeweils fixierte Bereich bleibt auch dann an seinem Platz, wenn man durch die Daten scrollt, das heißt einen

Bildlauf durchführt. Die Fixierung erkennt man an einer dünnen, schwarzen Linie, die nach der Aktivierung erscheint. Dies ist sinnvoll, da Excel es nicht ermöglicht, die Spaltenbenennung zu ändern, wie es zum Beispiel in dem Statistikprogramm *SPSS* der Fall ist. Da die erste Zeile jedoch oftmals den Tabellenkopf oder die Variablenbeschriftung markiert, kann damit eine Benennung der Spalten „simuliert" werden. Dazu muss nur die erste Zeile fixiert werden (*Ansicht* → *Fenster* → *Fenster fixieren* → *Oberste Zeile fixieren*).

Im selben Hauptregister bietet Excel die Möglichkeit an, eine Arbeitsmappe in verschiedene Fenster zu teilen, sodass zwei Tabellenblätter gleichzeitig einzusehen sind. Ein Klick auf „Neues Fenster" öffnet dann selbiges (*Ansicht* → *Fenster* → *Neues Fenster*). Die Beschriftung des Fensters (zentriert, ganz am oberen Rand) zeigt dann zum Beispiel „Mappe1:1", was nichts anderes meint als das *erste Fenster* von Arbeitsblatt *Mappe1*. Durch die allgemeine Tastenkombination [⊞]+[→] lassen sich die Fenster nun beliebig anordnen (in dem Fall nach rechts; das funktioniert auch in anderen Programmen bzw. generell unter Windows).

3.2 Formeln und Funktionen

Mit Excel wollen wir keine Romane verfassen, sondern wir wollen damit *rechnen*. Vielmehr wollen wir Excel für uns rechnen lassen und dazu sind natürlich *Formeln* und *Funktionen* sehr hilfreich. Formeln sind Gleichungen, die wir manuell eingeben, Funktionen sind wiederum spezifische Gleichungen, Abläufe, Rechenoperationen und -schritte, die Excel uns abnimmt. Man kann dabei in ‚einfache' und in ‚verschachtelte' Formeln bzw. Funktionen unterscheiden.

3.2.1 Einfache Formeln und Funktionen

Wollen wir uns zum Beispiel die *Summe* der Werte aus Zelle „C1" und „C2" errechnen lassen, gehen wir in eine beliebige Zelle und geben die folgende Formel hiein:[12]

=C1+C2

---

[12] Wir könnten hier natürlich auch Zahlenwerte zur Berechnung nutzen, wie zum Beispiel =*8+9+C2*, womit wir absolute Werte (8 und 9) mit relativen Zellwerten (C2) summieren würden.

Das *Gleichheitszeichen* zeigt Excel nun an, dass es sich um eine Formel handelt und Excel nun eine Berechnung durchführen bzw. eine Funktion ausführen soll. Damit lassen sich jedoch auch Verweise, sogenannte *Zellverknüpfungen*, erstellen, wenn wir den Wert einer Zelle, zum Beispiel „C1", in einer anderen, etwa „H3", übernehmen wollen. Wir würden dann Zelle „H3" aktivieren und „=C1" hinein schreiben. Somit wird automatisch der Wert aus Zelle „C1" in „H3" übertragen, das heißt der „C1"-Wert mit Zelle „H3" verknüpft.

Nun ist die Berechnung, bestehend aus zwei Zahlen, keine schwierige Aufgabe. Problematisch wird es erst dann, wenn wir etwa die Zahlen aus 20 Zellen miteinander addieren möchten. Hier kommt eine *Funktion* ins Spiel, nämlich die Funktion *Summe*. Schauen wir uns zunächst die Syntax[13] an:

=SUMME(Zahl1; [Zahl2];…)

Die Funktion besteht aus dem Befehl *=Summe()* und runden Klammern, innerhalb derer wir die Daten eingegeben. Zur Berechnung wird hier mindestens eine Zahl benötigt, denn die eckigen Klammern verweisen auf optionale Werte. Zudem werden die einzelnen Eingaben („Zahlen", „Zahlenbereiche") durch ein Semikolon getrennt. Jetzt wäre uns nicht viel geholfen, wenn wir alle 20 Werte per Hand eingeben müssten, auch das kann Excel schneller: Nehmen wir an, dass sich unsere 20 Werte allesamt in der ersten Spalte „A" befinden. Dann hätten wir insgesamt 20 Zeilen und somit auch genau 20 Zellen, nämlich den Bereich von „A1" bis „A20". Diesen *Bereich* können wir nun in die Funktion Summe eingeben:

=Summe(A1:A20)

Dass wir einen Bereich bestimmen, wird durch den *Doppelpunkt* ersichtlich. Dieser ‚Operator' zeigt, „bis wohin" der Bereich letztlich aufgespannt wird. Alternativ lässt sich dieser auch manuell auswählen, indem wir einfach die gewünschten Zellen markieren. Wir können auch getrennte Bereiche eingeben, indem wir jeden Bereich als „Zahl" im oben genannten Sinne auffassen und mehrere Bereiche, jeweils getrennt durch ein Semikolon, aufführen:

=Summe(A1:A10;B11:B20)

---

13 Als *Syntax* werden im weiteren Verlauf alle Befehlseingaben bezeichnet, durch deren Hilfe Excel bestimmte Anweisungen ausführt.

3.2 Formeln und Funktionen

Egal wie, die Nutzung der Funktion ist schneller, als 20 (oder mehr) Zahlen einzeln einzugeben. Aber Excel kann noch mehr, nämlich Funktionen miteinander kombinieren, sie *verschachteln*.

3.2.2 Verschachtelte Funktionen

Als nächstes wollen wir unsere obige Summe mit einer Zahl multiplizieren. Hierzu gibt uns Excel die Funktion *Produkt* an die Hand, die genauso funktioniert, wie die Summen-Funktion. Schauen wir uns die folgende Eingabe an:

=Produkt(Summe(A1:A20);3)

Es sieht etwas komplizierter aus, lässt sich jedoch leicht auflösen. Die Eingabe meint an sich: *Excel, multipliziere die Summe des Bereichs „A1" bis „A20" mit der Zahl „3"*. Hätte man das nicht auch einfacher realisieren können? Ja und nein: Bei einer einzigen Zahl hätte man auch „*=Summe(A1:A20)*3*" in die Zelle schreiben können, aber was ist, wenn wir wieder 20 oder noch mehr Zahlen haben und dann auch noch die Quadratwurzel daraus ziehen wollen? Dann wird es schnell mühsam und Excel zeigt sich erneut als bessere Wahl:

=Wurzel(Produkt(Summe(A1:A20);Summe(B1:B20);Produkt(C1:C5)))

Wie wir nun wissen, kann Excel auch mit verschachtelten Funktionen ganz gut umgehen. Excel bietet jedoch nicht nur mathematische, sondern auch *statistische* und *logische* Funktionen an. Beide werden in den folgenden zwei Abschnitten besprochen.

3.2.3 Statistische Funktionen

Excel bietet es als Kalkulationsprogramm natürlich auch an, *statistische* Rechnungen durchzuführen. Einen Einblick in die Fülle an Möglichkeiten erhält man durch die Tastenkombination [UMSCHALT]+[F3] bzw. dann, wenn man im Hauptregister *Formeln* anschließend auf *Funktion einfügen* klickt.[14] Im sich nun öffnenden Dialogfenster kann bei *Kategorie auswählen* die Unterkategorie „Statistik" selektiert

---

14 Eine weitere Möglichkeit bestünde darin, das *fx*-Symbol direkt links neben der Bearbeitungsleiste anzuwählen.

werden. Unter anderem finden sich hier die Funktionen zu typischen statistischen Tests, wie zum Beispiel dem (Student's) *t*-Test, der von William S. Gosset entwickelt wurde und für Mittelwertvergleiche herangezogen wird. Außerdem lassen sich hier die Funktionen zur Berechnung von Korrelationen (*Korrel* bzw. *Pearson*) oder zum Beispiel einer linearen Regressionen (*Rgp*) anwählen. Die statistischen Funktionen sind gerade für die Daten*auswertung* interessant (vgl. Kapitel 8). Uns geht es hier jedoch vornehmlich um den Schritt der Daten*erhebung*. Dazu sind wiederum logische Funktionen notwendig.

3.2.4 Wenn-Funktion

Eine *logische* Funktion, die wir im weiteren Verlauf häufig nutzen werden, ist die sogenannte *Wenn*-Funktion. Mit ihrer Hilfe führen wir eine konditionale Operation durch, das heißt wir nutzen sie zur Überprüfungen bestimmter *Bedingungen*. Ihre Anwendung findet die Funktion zum Beispiel darin, Werte „umzuwandeln", sobald sich eine Bedingung erfüllt (oder nicht erfüllt). Die Syntax dieser Funktion lautet grundsätzlich wie folgt:

    =Wenn(Prüfung;Dann_Wert;Sonst_Wert)

Schauen wir uns zunächst die einzelnen Elemente an. Mit *Prüfung* soll etwas überprüft werden, das kann eine beliebige Rechenoperation sein (=, < oder >), aber auch Texteingaben. Mit dem *Dann_Wert* gibt man an, was ausgegeben werden soll, wenn der Wert der Prüfung „WAHR" ist. Der *Sonst_Wert* wird dann zurück- bzw. ausgegeben, wenn der *Dann_Wert* die Eigenschaft „FALSCH" besitzt. Was bedeutet dies nun konkret? Nehmen wir an, dass in unserer Zelle „A1" ein Wert eingetragen ist, zum Beispiel der Wert „3". Wir wollen nun wissen, ob dieser Wert größer ist als „1". Wenn dem so ist, dann soll „größer" ausgegeben werden; ansonsten „kleiner oder gleich". Wenn wir uns als Ergebnis der *Wenn*-Funktion einen Text ausgeben lassen wollen, müssen wir diesen in Anführungszeichen setzen. Wir schreiben nun folgendes in Zelle „B1":

    =Wenn(A1>1;"größer";"kleiner/gleich")

Sobald der Wert in Zelle „A1" nun größer ist als „1", wird in Zelle „B1" der Wert „größer" stehen und das tut es in unserem Beispiel, weil wir in Zelle „A1" unseren Wert „3" geschrieben hatten. Ändern wir diesen, etwa auf „1,0000001", passiert nichts. Erst wenn der Wert gleich oder kleiner ist als „1", verändert sich die Ausgabe.

3.2 Formeln und Funktionen

Mit der *Wenn*-Funktion lassen sich also bestimmte Bedingungen (Konditionen) überprüfen und vorher festgelegte Werte je nach Ergebnis der Prüfung ausgeben. In unserem Beispiel wurde Text ausgegeben und natürlich können dies auch Zahlen sein – eine Eingabe erfolgt dann jedoch ohne die Anführungszeichen. Wir können folglich auch Text in Zahlen „umwandeln" oder umgekehrt, was notwendig ist, wie sich später noch zeigen wird (vgl. Abschnitt 3.3.3).

Auch diese Funktion kann verschachtelt und mit weiteren Operatoren verbunden werden. Der „Sonst_Wert" kann wiederum eine *Wenn*-Funktion darstellen, deren „Sonst_Wert" wiederum eine *Wenn*-Funktion darstellen kann usw. Die Eingabe könnte dann zum Beispiel so aussehen:

```
=WENN(A1=3;A1+1;WENN(A1=4;A1-1;0))
```

Was passiert nun durch diese Eingabe? Immer dann, wenn Zelle „A1" den Wert „3" beinhaltet, soll diese Zahl mit dem Wert „1" addiert werden. Zusätzlich wird überprüft, ob eine „4" in der Zelle steht, falls dem so ist, dann soll von ihr der Wert „1" subtrahiert werden. Beinhaltet die Zelle weder eine „3", noch eine „4", dann wird der Wert „0" ausgegeben, logisch.

Zu dieser verschachtelten *Wenn*-Funktion gesellen sich noch zwei weitere Operatoren, welche die Wenn-Funktionen nochmals erweitern, nämlich *Und* sowie *Oder*. Mit *Und* können Bedingungen miteinander verbunden werden, die alle erfüllt sein müssen, soll ein Ergebnis „WAHR" sein. Bei *Oder* reicht es aus, wenn eine der Bedingungen eintrifft:

```
=WENN(UND(A10>0;A10<100);"zulässig";"unzulässig")
```

Bei dieser Eingabe wird „zulässig" immer nur dann ausgegeben, wenn der Zahlenwert in Zelle „A10" größer ist als „0" *und* kleiner als „100". Sinnvoll sind diese Operatoren dann, wenn man zum Beispiel Fälle auswählt, die gewisse Bedingungen erfüllen sollen. Eine Anweisung könnte dann lauten, gib mir alle Fälle aus, die Merkmal „x" *Und* Merkmal „y" aufweisen. Anderseits könnte es ausreichen, wenn nur ein Merkmal zutrifft. Die Anweisung lautet dann, zeige mir alle Fälle, die Merkmal „x" *Oder* Merkmal „y", aber mindestens eines von beiden aufweisen. Nun stößt eine Wenn-Funktion bei zahlreichen Verschachtelungen schnell an ihre Grenzen, sodass die Anwendung einer anderen Funktion sinnvoller ist: der sogenannte *Sverweis*.

3.2.5 Funktion *Sverweis*

Die Funktion *Sverweis* steht für „Spaltenverweis". Mit ihr wird es möglich, bestimmte Eingaben mit den Werten einer Matrix abzugleichen und dann wiederum bestimmte Werte dieser Matrix auszugeben. Diese Funktion stellt eine Alternative zur Wenn-Funktion dar und ist dann zu empfehlen, sobald eine Wenn-Verschachtelung zu unübersichtlich wird – wie wir gesehen haben, wird die Wenn-Funktionseingabe relativ schnell unübersichtlich. Mit der Funktion *Sverweis* wird dies umgangen, da die Länge der Eingabe gleich bleibt. Genutzt wird diese Funktion zum Beispiel dann, wenn man Inhalte in Spalten vergleichen bzw. zuordnen will. Man könnte etwa Postleitzahlen vorgeben und sich die dazugehörige Vorwahl ausgeben lassen. (Dazu müssen vorher Listen mit den jeweiligen Inhalten erstellt werden.) Die Syntax des Befehls lautet grundsätzlich wie folgt:

```
=SVERWEIS(Suchkriterium; Matrix; Spaltenindex; [Bereich_Verweis])
```

Was besagt der Befehl? Wir haben zunächst ein *Suchkriterium*, nach dem wir mithilfe der Funktion *Sverweis* in der *ersten* Spalte der (Daten-)*Matrix*, also einem Zellbereich, suchen. Zudem wird der *Spaltenindex*, das heißt der Wert einer gewählten Spalte (derselben Matrix) zurückgeben. Die optionale Eingabe von *Bereich_Verweis* ist in unserem Fall wichtig. Hier können entweder „0/1" oder „FALSCH/WAHR" eingeben werden. Nachfolgend findet sich dazu ein Beispiel (vgl. Abb. 3.2).

D4					ƒx	=SVERWEIS(D3;A2:B4;2;0)		
	A	B		C		D	E	F	G
1	ID	LABEL							
2	1	Hund		Bereich_Verweis		FALSCH/0	FALSCH/0	WAHR/1	
3	2	Katze		Eingabe		2	4	4	
4	3	Maus		Ausgabe		Katze	#NV	Maus	
5									
6									

Abb. 3.2 Beispiel der Funktion Sverweis

Schauen wir uns zunächst die Eingabe bzw. die Formel an, die im Grunde sagt: *Excel, gleiche den Wert in Zelle „D3" mit der Matrix ab, die den Bereich „A2" bis „B4" aufspannt und falls du den entsprechenden Wert findest, gib im Anschluss den dazugehörigen Inhalt aus der zweiten Spalte („B") zurück*. Sollten wir den Wert in Zelle „D3" abändern, würde sich der Ausgabewert automatisch anpassen.

In Zelle „E4" und „F4" des Beispiels sehen wir trotz derselben Eingabe unterschiedliche Ausgaben, woran liegt das? Dies gründet auf der unterschiedlichen Verwendung der möglichen Werte von *Bereich_Verweis*. Wenn keine Übereinstimmung innerhalb der Matrix zu finden ist, dann wird der Wert „#NV" ausgegeben. In unserem Beispiel ist die „ID", die eingegeben wurde („4"), nicht vergeben und durch Verwendung des Wertes „FALSCH" (bzw. „0") wird uns dies mitgeteilt. In Zelle „F5" wird jedoch „Maus" ausgegeben, weil der Wert „WAHR" (bzw. „1") für *Bereich_Verweis* genutzt wurde. Vereinfacht gesagt bedeutet dieser, dass auch ungefähre Übereinstimmungen bzw. Schätzungen anerkannt werden und der Wert „4" liegt geschätzt nah an Wert „3". Für unser Vorhaben ist deshalb die Verwendung des „FALSCH"-Wertes (oder „0") wichtig, weil wir die *genauen* Übereinstimmungen suchen.

3.2.6 Elemente „verketten"

Mit der Funktion *Verketten* lassen sich einzelne Zellen miteinander verbinden. Nehmen wir an, wir hätten eine Liste mit Autoren und ihren jeweiligen Werken, die getrennt nach Name, Vorname usw. in unserem Tabellenblatt stehen (vgl. Tab. 3.1).

Tab. 3.1 Elemente in Excel verketten (Schema)

	A	B	C	D	E	F
1	Name	Vorname	Jahr	Titel	Ort	Quelle
2	Luhmann	Niklas	1984	Soziale Systeme	Frankfurt/Main	?
3	...	...	...	...	...	

Wir wollen nun ein Literaturverzeichnis erstellen und uns die Quellenangabe für jede Zeile in Spalte, zum Beispiel „F", ausgeben lassen. Nun wäre es zeitaufwendig, alles einzeln miteinander zu verbinden, hier hilft Excel mit der *Verketten*-Funktion:

```
=VERKETTEN(A2;B2;C2;D2;E2)
Ergebnis: LuhmannNiklas1984Soziale SystemeFrankfurt/Main
```

Das „Problem" besteht nun darin, dass Excel jeden Wert so nimmt, wie er in der Zelle eingegeben ist. Eine Literaturangabe sieht jedoch eigentlich anders aus. Wie gehen wir daher vor? Grundsätzlich könnte man jeden Zellinhalt einzeln bearbeiten, sodass er den jeweiligen Standards oder Vorgaben entspräche (also das Jahr zum Beispiel in Klammern setzen usw.). Dies ist jedoch aufwendig und außerdem würde sich die Qualität unserer „Rohdaten" verschlechtern. Wir fügen daher die fehlenden Elemente einfach mit in die Syntax ein. Das hat den Vorteil, dass wir das Schema dann auf alle weiteren Dateneinträge anwenden, das heißt in die anderen Zellen (automatisch) kopieren können:

```
=VERKETTEN(A2; ", "; B2; " (";C2; "): "; D2; ", "; E2; ".")
Ergebnis: Luhmann, Niklas (1984): Soziale Systeme, Frankfurt/Main.
```

Wir haben nun die wichtigsten Funktionen und Formeln kennengelernt, die wir für die spätere Konstruktion unseres Codesheets bzw. des Fragebogens benötigen. Im nachfolgenden Abschnitt werden die wesentlichen Elemente der *Entwicklertools* vorgestellt, die notwendig sind, um Automatisierungen zu vereinfachen und auszuführen.

3.3 Entwicklertools: Wesentliche Elemente

Für die Konstruktion eines Fragebogens oder Codesheets bietet Excel verschiedene Elemente an, die dazu wesentlich und unter dem Reiter *Entwicklertools* zu finden sind. Falls dieser bisher noch nicht vorhanden sein sollte, kann die Registerkarte durch einen Rechtsklick auf das Menüband (dann *Menüband anpassen*) oder über die Einstellungsoptionen hinzugefügt werden (*Datei → Optionen → Menüband anpassen → Häkchen bei *Entwicklertools* setzen).

Die Elemente erfüllen jeweils verschiedene Funktionen, wobei diese teilweise nicht „exklusiv" sind, das heißt sich einige Aufgabenstellungen auch mit anderen Elementen umsetzen lassen. So hat das *Kombinationsfeld* zum Beispiel die gleiche Funktionsweise wie das *Listenfeld*, dessen Form nur eine andere ist. Beide haben je eigene Vor- sowie Nachteile, die es letztlich abzuwägen gilt. Zunächst kommen wir auf vier „hauseigene" Elemente zu sprechen, die durch ein fünftes ergänzt werden, das kein Element der Entwicklertools darstellt,[15] jedoch im weiteren Verlauf notwendig sein wird. Immer dann, wenn die Auffangkategorie „Sonstiges"

---

15 Genau genommen gibt es ein solches Steuerelement, es heißt auch *Textfeld*. Es ist jedoch komplizierter umzusetzen, weshalb es sich anbietet, die Zellen als Textfelder zu interpretieren.

3.3 Entwicklertools: Wesentliche Elemente

zum Einsatz kommt, kann es nützlich sein, ein „Textfeld" oder „Eingabefeld" zu erstellen. Zunächst werden jedoch die Excel-Elemente vorgestellt und zwar in der Reihe ihres Auftretens innerhalb des Programms (vgl. Abb. 3.3). Zu finden sind die Elemente in der Hauptregisterkarte *Entwicklertools* in der Gruppe *Steuerelemente*. Die Übersicht erscheint, wenn man auf *Einfügen* klickt. Zu sehen sind dann zwei unterschiedliche Varianten, wovon uns die obere interessiert, nämlich die *Formularsteuerelemente*. Von diesen sind für uns folgende relevant: *Schaltflächen, Listen-* bzw. *Kombinationsfelder, Kontrollkästchen* und die *Bildlaufleiste*.

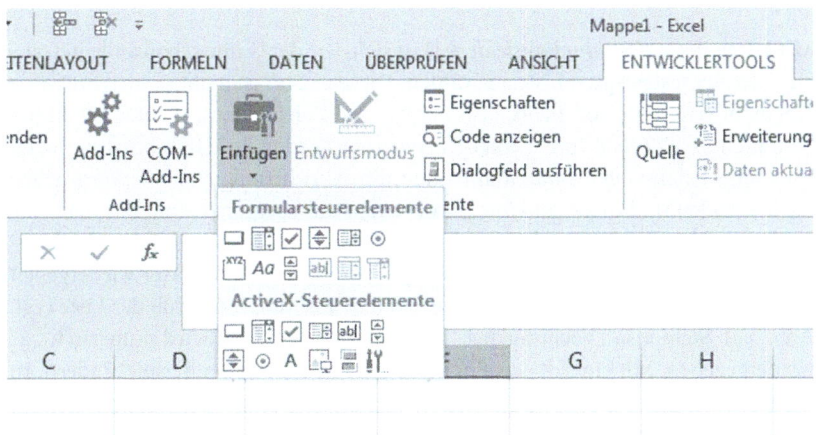

Abb. 3.3 Entwicklertools: Formularsteuerelemente

3.3.1 Schaltflächen

Schaltflächen kennt im Prinzip jeder: Wir öffnen unseren Browser, um im Internet zu surfen, wir drücken auf „senden" und verschicken dadurch unsere E-Mails oder wir drücken auf „play", um einen bestimmten Song zu hören (vgl. Abb. 3.4). Die Funktion ist dabei immer gleich: Mit einem Klick werden verschiedene Prozesse aktiviert und diverse Abläufe in Gang gesetzt. Im Fall von Excel lassen sich zum Beispiel sogenannte „Makros" starten (vgl. Abschnitt 4.1). Für uns sind Schaltflächen deshalb wichtig, weil man mit ihnen routinisierte Arbeitsabläufe durch einen Klick ausführen kann. Das geschieht zum Beispiel dann, wenn wir unsere Eingaben „speichern" oder wieder „löschen" wollen.

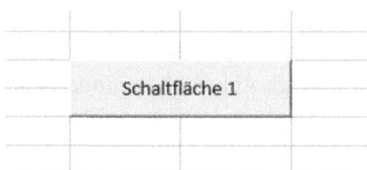

Abb. 3.4 Schaltflächen in Excel

3.3.2 Listenfeld / Kombinationsfeld

Mit *Listen-* bzw. *Kombinationsfeldern* lässt sich, wie der Name schon andeutet, aus einer vorher festgelegten Liste auswählen. Diese „Liste" ist nichts anderes als eine Aneinanderreihung von *Items*, also Zahlen und Zeichen bzw. Wörter, die in bestimmten Excel-Zellen vorher eingegeben wurden. Listen- und Kombinationsfelder sind folglich dann interessant, wenn bestimmte Antwortmöglichkeiten vorgegeben werden sollen und diese auf eine „Einfachauswahl" begrenzt sind, das heißt die Antwort exklusiv ist. Generell ist zu beachten, dass Kombinations- und Listenfelder nach der Auswahl nicht die vorgegeben Zeichen oder Wörter wiedergeben (zum Beispiel „Raucher"), sondern die jeweilige Position innerhalb der Liste (vgl. Abb. 3.5). Steht also „Nichtraucher" an zweiter Stelle, dann wird numerisch „2" wiedergegeben. Mit einer *Wenn*-Funktion lässt sich dies zum Beispiel ändern. In quantitativen Forschungsvorhaben ist die Ausgabe der Zahlenwerte oftmals jedoch sinnvoll bzw. gewünscht. Hier zeigt sich also ein Vorteil dieser Felder, denn eine Transformation in das numerische Relativ findet automatisch statt. *Rating-* bzw. Likert-*Skalen* können so zum Beispiel ohne viel Aufwand umgesetzt werden.

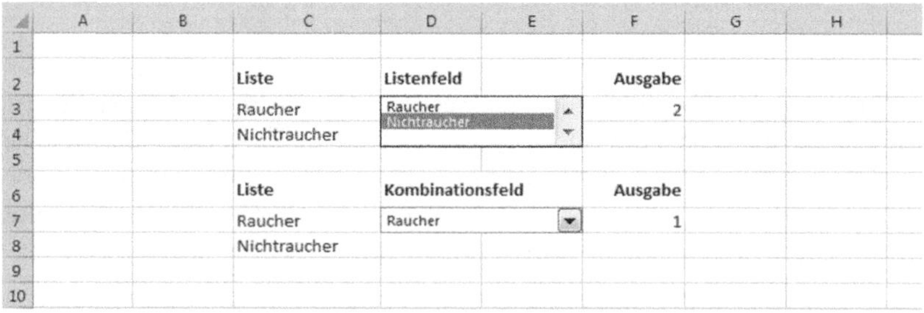

Abb. 3.5 Listenfeld und Kombinationsfeld im Vergleich

3.3 Entwicklertools: Wesentliche Elemente

Die Frage, ob man nun ein Listenfeld oder ein Kombinationsfeld verwenden sollte, hängt – wie so oft – von der jeweiligen Situation ab: Ein Vorteil des Kombinationsfeldes ist es, dass man alle Items auf einmal sieht, jedoch erst, sobald man es anklickt (vgl. Abb. 3.6). Dies kann dann zum Nachteil werden, wenn die Liste eine größere zweistellige Anzahl von Items beinhaltet. Dies ist zum Beispiel bei detaillierten Inhaltsanalysen der Fall, wenn eine Vielzahl an Themen oder Akteuren zur Auswahl stehen. Hier würde sich die Verwendung eines Listenfeldes anbieten. Der Nachteil ist dann wiederum, dass die „Einsicht" in die Liste reduziert wird, da sie davon abhängt, wie groß das Feld an sich gestaltet wird. Wird es über mehrere Zeilen „gezogen", dann erhält man zwar eine größere Ein- bzw. Übersicht. Hier können jedoch allgemeine Platzprobleme innerhalb der Konstruktion des Fragebogens oder des Codesheets auftreten. Das Kombinationsfeld hat wiederum den Vorteil, dass es in seiner minimalsten Form nur eine Zeile in Anspruch nimmt. Zudem besteht die Möglichkeit, die Länge des „Dropdown"-Menüs anzupassen (der Standardwert beträgt „8"). Das meint, dass nach der Aktivierung eines Kombinationsfeldes nicht unbedingt alle 20 Items angezeigt werden müssen, sondern zum Beispiel nur vier. Das Feld liefert dann einen Scroll-Balken an der rechten Seite, mit dem sich zum gewünschten Item bewegen lässt. Hier geht jedoch der Vorteil der Über- bzw. Einsicht verloren und ein Listenfeld wäre sinnvoller. Als Faustregel ließe sich daher folgendes vorschlagen: Die Kombinationsfelder sparen Platz und bieten mehr Übersicht. Sie sollten immer dann den Vorzug erhalten, solange die Liste nicht zu lang wird und zum Beispiel 20 Items nicht überschreitet. Letztlich liegt es am Ende auch an der Bildschirmauflösung und sollte dementsprechend getestet werden: Je größer die Auflösung ist, desto mehr Items lassen sich gleichzeitig betrachten (und umgekehrt).

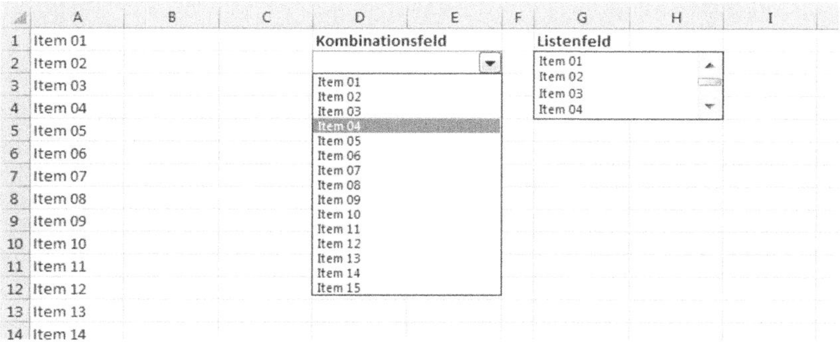

Abb. 3.6 Vor- und Nachteile der Listen- und Kombinationsfelder

3.3.3 Kontrollkästchen

Kontrollkästchen sind im Grunde wie Lichtschalter: drückt man sie, dann fließt Strom; drückt man sie erneut, dann fließt er nicht mehr. Die binäre Logik, die aus der Elektro- und Informationstechnik bekannt ist, lässt sich auch hier wiederfinden, denn die Ergebnisausgabe des Elements unterliegt ebenfalls einer binären Logik. Sind für den Fragebogen also Variablen mit dichotomer (binärer) Ausprägung vorgesehen, zum Beispiel durch Ja-Nein-Fragen, deren Antwortmöglichkeiten sich logisch ausschließen, dann könnte ein Kontrollkästchen für die Umsetzung herangezogen werden. Bei der Frage, „Sind sie Raucher oder Nichtraucher?", wäre ein Raucher (1) also nie gleichzeitig ein Nichtraucher (0).

Bei der Anwendung von Kontrollkästchen ist zu beachten, dass sie nicht direkt „0" bzw. im aktivierten Zustand „1" angeben, sondern „FALSCH" bzw. „WAHR". Hier hilft dann die *Wenn*-Funktion, mit der sich die Text-Ausgabe in numerische Ausdrücke übersetzen lässt. Hier ist zu beachten, dass Excel die Ausdrücke „WAHR" und „FALSCH" kennt und es nicht als Text versteht, sondern als Funktion. Das bedeutet, wir dürfen den Ausdruck „WAHR" nicht in Anführungszeichen setzen, wie es sonst bei Texteingaben notwendig ist (vgl. Abb. 3.7).

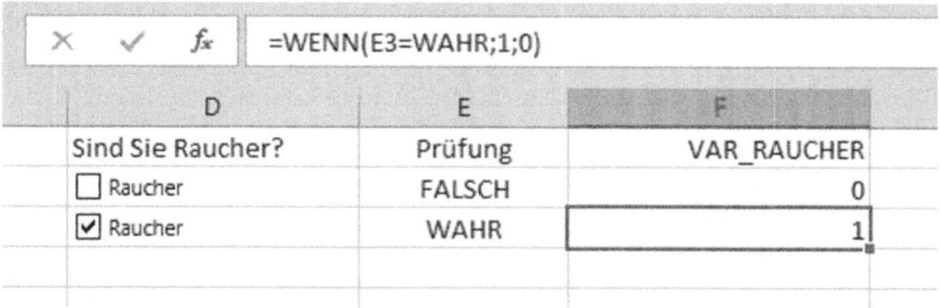

✗ ✓ f_x	=WENN(E3=WAHR;1;0)	
D	E	F
Sind Sie Raucher?	Prüfung	VAR_RAUCHER
☐ Raucher	FALSCH	0
☑ Raucher	WAHR	1

Abb. 3.7 Beispiel einer Wenn-Funktion

3.3 Entwicklertools: Wesentliche Elemente

3.3.4 Bildlaufleiste

Kommen wir nun zu einem Element, das zunächst wohl sehr eigenartig anmutet, sich jedoch bei näherem Hinsehen, als sehr interessant erweist: der sogenannten *Bildlaufleiste* (vgl. Abb. 3.8). Im Grunde ist diese Laufleiste ein justierbarer „Balken", eine Art Schieberegler, durch den sich Tendenzen und Einschätzungen sehr gut erfassen lassen.

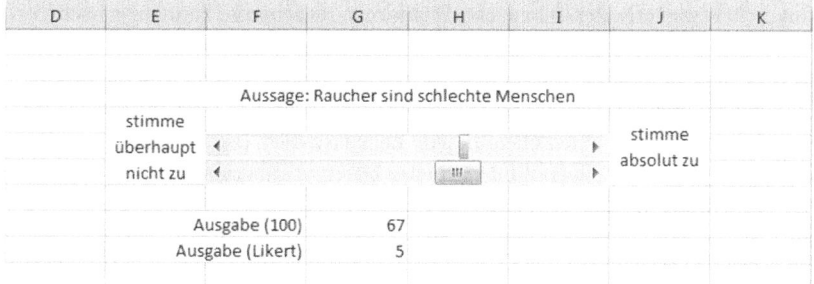

Abb. 3.8 Beispiel einer Bildlaufleiste

Im dargestellten Beispiel wird eine Aussage gemacht, die der/die Befragte beurteilen soll, nämlich ob Raucher schlechte Menschen seien. In der oberen Leiste beträgt der maximale Wert „100" und der minimale Wert entspricht „0. Die Bildlaufleiste ließe sich auch so einstellen, dass der Minimalwert „1" und der Maximalwert „7" betrüge, womit wir eine „klassische" 7-Punkte-Skala erhielten.

Durch die Benutzung der Bildlaufleiste ergeben sich in Kombination mit einem größeren Grad der Differenzierung „Rechenvorteile". Hier sind folglich „pure" metrische Messungen möglich, die eventuell ein genaueres Bild nachzeichnen, als quasi-metrische Skalen.[16] Man sollte hier beachten, dass die Bildlaufleiste womöglich die ProbandInnen überfordern könnte. Ein positiver Effekt könnte jedoch sein, dass der oder die Befragte mehr Spaß an der Befragung entwickelt. Die Leiste stellt also ein ‚spielerisches' Element dar, das zugleich animierende Wirkung haben könnte und so zu geringeren Abbruchraten führt. Oftmals wird das Prinzip genutzt, um

---

16 Hier ist zu entscheiden, ob man den ProbandInnen eine visuelle Orientierung liefern möchte, indem man die aktuellen Werte einblendet, oder man dies unterlässt. Grundsätzlich ist beides möglich, eine Abwesenheit von Orientierung kann zu Ungenauigkeiten führen, eine Anwesenheit jedoch ebenso zu verzerren.

politische Orientierungen zu erheben, da sich so das Parteienspektrum (links-mitte-rechts) ohne direkte Benennungen abfragen lässt. Eine genaue Zuordnung könnte zum Beispiel dazu führen, dass sich jemand aus *sozialer Erwünschtheit* nicht ‚rechts' verortet, obwohl er (oder sie) es ‚faktisch' jedoch wäre.

3.3.5 Textfeld „Sonstiges"

Textfelder werden dann benötigt, wenn die Kategorie „Sonstiges" vorgegeben wird, um nicht erwartete oder unbedachte Phänomene erheben zu können. Je nach Vorhaben bietet es sich an, die Kategorie *Sonstiges* also mit einem Textfeld zu versehen, um ebenjene Phänomene gleich zu erfassen. Ein solches Eingabefeld, das unserem Vorhaben genügt, ist einfach erstellt. Excel hat 17.179.869.184 mögliche Orte ein solches einzufügen: seine Zellen. In jede Zelle lässt sich Text einfügen, der später durch eine einfache Zellverknüpfung in den Datensatz übernommen werden kann. Je nach Umfang des zu übernehmenden Textes bietet sich es außerdem an, Zellen zu „verbinden", das heißt mehrere Zellen zu einer zusammenzufügen.

3.4 Zusatz: Add-In „Analyse-Funktion" aktivieren

Mit Excel lässt sich, so hatten wir gesagt, statistisch arbeiten. Damit dies noch komfortabler wird, lässt sich ein sogenanntes *Add-In* aktivieren, das uns viel Arbeit abnimmt und typische Kennzahlen sowie Tests berechnet. Zum Beispiel könnten wir uns mit dieser Programmergänzung die verschiedenen *t*-Tests oder *Regressionen* berechnen oder uns *Zufallszahlen* ausgeben lassen. Ebenso können wir *Varianzanalysen* durchführen oder *Histogramme* erstellen usw. Das *Add-In* müssen wir zunächst aktivieren. Im Hauptregister *Datei* und dem dazugehörigen Register *Optionen* finden wir den Menüpunkt *Add-Ins*. Dort müssen wir am unteren Rand auf *Verwalten: Excel-Add-Ins* navigieren und durch einen Klick auf *Gehe zu* die *Analyse-Funktion* im sich öffnenden Dialog-Fenster aktivieren. Die Möglichkeit der *Datenanalyse* finden wir anschließend unter dem Hauptregister *Daten*. Es gibt auch kommerzielle Add-Ins, wie zum Beispiel „WinSTAT", die für die statistische Arbeit mit Excel einen größeren Umfang und die wesentlichen bzw. wichtigsten Tests anbieten.

***

3.4 Zusatz: Add-In „Analyse-Funktion" aktivieren

Wir haben jetzt einen Einblick in Excel erhalten und die für uns wichtigsten Funktionen kennengelernt, die wir im weiteren Verlauf nutzen werden. Bevor wir mit der Konstruktion unseres Codesheets bzw. Fragebogens beginnen, werden wir etwas über sogenannte „Makros" erfahren. Diese benötigen wir später dazu, um unseren Datensatz zu generieren.

4 Makros aufzeichnen, editieren und selbst erstellen

Funktionen und Abläufe können durch *Makros* vereinfacht werden. Ein „Makro" lässt sich als Routine verstehen, die vorher festgelegt, das heißt programmiert wurde. Prozesse können durch Makros folglich automatisiert und wiederkehrende Aufgaben damit schneller erledigt werden. Möchte man zum Beispiel 100 neue Zeilen in ein Arbeitsblatt einfügen, diese anschließend formatieren und mit Inhalt füllen, ließe sich dies nun mit einem Klick realisieren. Wir kommen später darauf zurück, wenn wir unsere „Speichern"-Schaltfläche erstellen und diese mit einem Makro verbinden (vgl. Abschnitt 4.2.4).

Makros sind also kleine Unterprogramme, auch *Sub-Prozeduren* genannt, die entweder manuell programmiert oder mit dem internen „Makro-Recorder" aufgezeichnet werden. Wir können Excel also einfach zeigen, was es tun soll und beim nächsten Mal werden diese Schritte exakt wiederholt. Um besser zu verstehen, was dort aufgezeichnet wird, folgt zunächst ein kleiner Exkurs in die Programmiersprache *Visual Basic for Applications*, die den Makros zugrunde liegt. Anschließend zeichnen wir ein Makro auf und editieren es zum Abschluss.

4.1 Exkurs: Visual Basic for Applications

Visual Basic for Applications[17] (VBA) ist eine objektorientierte Skriptsprache, die ebenfalls von Microsoft entwickelt wurde und mit vielen der Office-Programme

---

17 VBA ist ein sehr umfangreiches Instrument, das hier nicht in Gänze besprochen werden kann. Dieser Abschnitt gibt also einen kursorischen Überblick in diese Programmiersprache und zwar insofern, als dass wichtige, das heißt für unser Vorhaben wesentliche Elemente, aufgezeigt werden. Für einen größeren Einblick sei exemplarisch auf Nahrstedt (2014) oder auf die Literatur am Ende des Buches verwiesen.

kompatibel ist. Visual Basic (VB) stellt dabei die Programmiersprache dar, das „for Applications" deutet auf eine spezielle Variante hin, nämlich eine, die ein Programm voraussetzt, *innerhalb* dessen sie funktioniert. VBA besteht also im Grunde aus zwei Teilen, dem „Sprachkern" (Visual Basic) und den anwendungsspezifischen „Objektmodellen", das heißt den jeweiligen *Objekten, Eigenschaften, Methoden* und *Ereignissen* der Anwendung. (Auf diese vier Begriffe kommen wir in Abschnitt 4.2 nochmal genauer zu sprechen.) Mit VB-Code lässt sich zum Beispiel Microsoft *Word* aus Excel heraus öffnen, steuern oder Eingaben auslesen, die dann in Excel weiterverwendet werden. Vereinfacht gesagt ist all dies möglich, weil beide Programme die Programmiersprache *Visual Basic* beherrschen und dadurch untereinander „kommunizieren" können. Wie und wo können wir nun VB-Code eingeben?

4.1.1 Der VB-Editor

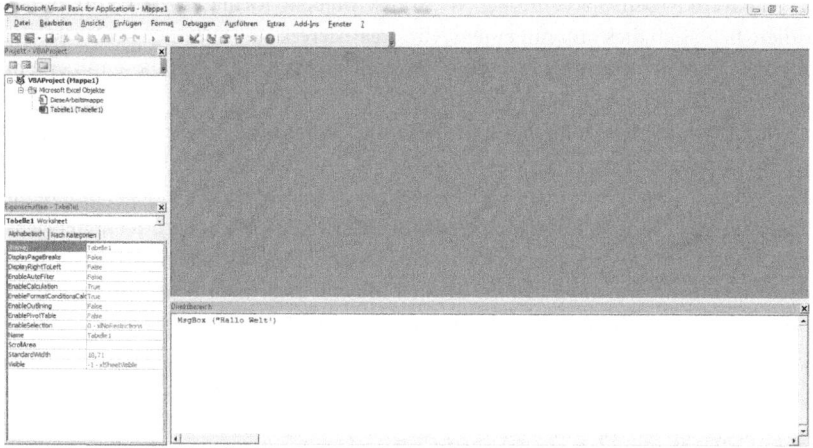

Abb. 4.1 VB-Editor in Excel

Den Programmcode geben wir im *VB-Editor* ein, der in Excel schon integriert ist. Der Code kann also geschrieben werden, ohne zusätzlich etwas installieren zu müssen. Mit der Tastenkombination [ALT]+[F11] gelangt man in diesen Editor (vgl. Abb. 4.1).

Nach dem Öffnen sehen wir nun verschiedene Fenster: Auf der linken Seite befinden sich der *Projekt-Explorer* und das *Eigenschaften*-Fenster. Im Projekt-Explorer können wir ablesen, wo wir uns befinden (im Beispiel in „Mappe1") und wo genau der Code gespeichert wird.[18] Mithilfe des Eigenschaftsfensters können verschiedene Objekte und die sogenannten *Module* editiert werden, auf die wir gleich konkreter zu sprechen kommen. Zudem sehen wir das *Direktfenster* am unteren Rand, in dem eine Codezeile manuell eingegeben und getestet werden kann. Um dies zu tun, schreiben wir den nachfolgenden Code dort hinein:

```
MsgBox ("Hallo Welt!")
```

Bestätigen wir die Eingabe anschließend mit der Enter-Taste, öffnet sich ein Dialogfenster (*MsgBox*) mit dem Text „Hallo Welt!". Wir haben somit erfolgreich unseren ersten Programmcode geschrieben und Excel unseren ersten Befehl ausführen lassen. Der Platz des Direktfensters reicht jedoch nicht aus, um umfangreichen Programmcode festzuhalten. Dazu dienen wiederum die schon erwähnten *Module*.

4.1.2 Die erste Prozedur: Hallo Welt!

Wir wollen nun ein kleines Stück Programmcode schreiben und eine kleine Prozedur erstellen. Dazu benötigen wir ein sogenanntes *Modul* (*Einfügen* → *Modul*). Jedes Modul besitzt ein eigenes *Codefenster*, innerhalb dessen Code geschrieben werden kann und das durch einen Doppelklick (im Projektfenster) aufgerufen wird.[19] In das Codefenster schreiben wir zum Beispiel diese Zeilen:

```
Sub HalloWelt()
  'Dialogfenster mit Hallo Welt!
  MsgBox ("Hallo Welt!")
End Sub
```

Jedes „Programm" bzw. jede „Sub"-Routine beginnt mit *Sub*, dem Namen[20] der Routine und den Rundklammern. *End Sub* wird automatisch, das heißt nach dem

---

18 Alle Fenster lassen sich über den Menüpunkt „Ansicht" aufrufen bzw. wieder herstellen.
19 Es ist sinnvoll die Option „Variablendeklaration erforderlich" zu aktivieren. In der ersten Zeile würde dann immer „Option Explicit" stehen. Durch diese Einstellung wird auf Fehler während der Eingabe aufmerksam gemacht. Die Option kann wie folgt aktiviert werden: *Extras* → *Optionen* → *Editor* → *Code-Einstellungen* → *Variablendeklaration erforderlich*.
20 Leerzeichen im Namen sind nicht erlaubt, deshalb wird auf das sogenannte „CamelCase" – deutsch: Binnenmajuskel – zurückgegriffen, dies dient lediglich der Übersicht.

Betätigen der Eingabetaste generiert und beendet die Prozedur. Innerhalb von „Sub" und „End Sub" folgt nun der konkrete Programmcode. Das Hochkomma kennzeichnet dabei einen *Kommentar*, der auch an seiner grünen Einfärbung zu erkennen ist. Dieser wird später nicht ausgeführt, sondern hilft uns dabei zu verstehen, was nachfolgend geschieht. Gerade bei der Zusammenarbeit mit mehreren Programmierern kann so jeder schnell nachvollziehen, was der jeweilige Code bedeutet. Der Kommentar kann auch neben dem Code eingefügt werden, letztlich hängt dies also von den jeweiligen Vorlieben ab.

Unser Programmcode besteht aus „*MsgBox („Hallo Welt!")*", das heißt in unserem Beispiel soll sich, wie eben schon durch die Eingabe im Direktfenster, ein *Dialog-Fenster* öffnen, in dem „Hallo Welt!" steht. Die Anführungszeichen innerhalb des Codes geben dem Programm den Hinweis, dass es sich dabei um Text handelt. Wir wollen nun überprüfen, ob die Routine funktioniert. Dazu klicken wir in den Code und platzieren unseren Cursor so, dass er dort mitten im Code blinkt. Anschließend können wir die Routine durch Drücken der [F5]-Taste, oder durch einen Klick auf das grüne „Play"-Symbol [▶] in der Symbolleiste aktivieren. Wenn alles richtig eingegeben wurde, sollte sich das Fenster daraufhin öffnen. Wir haben somit unsere erste Sub-Routine (Prozedur) geschrieben, die nun immer wieder ausgeführt sowie auch in weitere Routinen implementiert und aufgerufen werden kann.

Visual Basic (for Applications) ist eine umfangreiche Sprache, die hier nicht ausführlich besprochen werden kann. Im Literaturverzeichnis finden sich daher ausgewählte Quellen, die zur weiteren Vertiefung herangezogen werden können. Außerdem gibt es zahlreiche kostenlose Video-Tutorials etwa auf YouTube sowie kostenpflichtige, aber meist qualitativ bessere bei diversen spezialisierten Verlagen. Die für uns wichtigen Befehle werden im weiteren Verlauf jedoch besprochen (vgl. Abschnitt 4.3).

4.2 Ein Makro aufzeichnen

Bevor wir uns nun etwas intensiver mit Excel und VBA auseinandersetzen, wollen wir zunächst eine sehr einfache – und die für uns später übliche – Variante der Makroerstellung anschauen: die Aufzeichnung eines Makros mithilfe des in Excel integrierten *Makro-Recorders*. Erneut führen dabei viele Wege nach Rom, das heißt wir können die Makroaufzeichnung verschiedentlich aktivieren. Die wohl einfachste (oder schnellste) Möglichkeit befindet sich in der Leiste am linken, unteren Rand. Neben der Information „BEREIT" ist ein kleines quadratisches Symbol angeordnet

4.2 Ein Makro aufzeichnen

(mit einem Kreis in der linken oberen Ecke), das wir zur Aufzeichnung aktivieren können. Dieses Symbol wandelt sich nach der Aktivierung der Aufnahme in ein Quadrat (ohne Kreis), das die Aufzeichnung des Makros bei einem erneuten Klick stoppt. Dasselbe Symbol, diesmal in Farbe, finden wir bei den *Entwicklertools* unter dem Register *Code*. Unter dem Hauptregister *Ansicht* können wir es ebenfalls entdecken, wenn wir ganz rechts auf den kleinen Pfeil unter *Makros* klicken.

4.2.1 Die Aufzeichnung planen

Bevor man Makros aufzeichnet, ist es wichtig, sich vorher im Klaren darüber zu sein, *was* man überhaupt aufzeichnen möchte. (Welche Arbeitsschritte sind relevant, welcher Schritt folgt auf den ersten, den nächsten usw.) Im Grunde überlegt man sich eine Regieanweisung, die man entweder aufschreibt oder während der Aufnahme im Hinterkopf behält. Letztlich hängt es davon ab, wie viele Arbeitsschritte es insgesamt sind und wie viele man sich davon merken kann. Die Makro-Aufzeichnung basiert dabei auf *Abläufen* und nicht auf Zeit, das heißt jeden einzelnen Schritt kann man in Ruhe „anleiten", ohne dabei in Aufregung zu geraten. Man könnte sich also die Schritte auch nacheinander überlegen und vollziehen. Sollten dann Schritte fälschlicherweise ausgeführt werden, kann man die Aufzeichnung entweder stoppen und erneut beginnen, oder das Makro später einfach editieren (vgl. Abschnitt 4.3). Probieren wir das Ganze nun einmal aus.

Wir wollen den Inhalt eines Zellbereiches in einen anderen kopieren. Dazu schreiben wir zunächst beliebige Werte in Zelle „A1" bis „A3" (zum Beispiel 1, 2 und 3). Da der Vorgang der Bereichsmarkierung (unser Bereich „A1:A3") ein Teil des späteren Makros werden soll, setzen wir den Cursor nun in eine andere Zelle, zum Beispiel in „A10". Jetzt müssen wir uns noch überlegen, wohin der Inhalt kopiert werden soll. Wir nehmen zur Vereinfachung an, dass der Inhalt direkt daneben, also in den Bereich „B1:B3" einfügt werden soll. Jetzt können wir mit der Aufnahme beginnen. Für ein Makro, das Inhalte kopieren soll, sehen die Arbeitsschritte (unsere „Regieanweisung") nun wie folgt aus:

1. Bereich „A1:A3" markieren
2. Inhalte durch die Tastenkombination [STRG]+[C] kopieren
3. Bereich „B1:B3" markieren (hier würde auch das Anwählen von Zelle „B1" genügen)
4. Inhalte durch [STRG]+[V] einfügen
5. Aufnahme stoppen

4.2.2 Die Aufzeichnung beginnen

Die Regieanweisung ist geschrieben, die Aufnahme kann beginnen. Wir klicken als erstes auf das Symbol *Makro aufzeichnen*. Danach folgt ein Dialog-Fenster mit verschiedenen Auswahlmöglichkeiten. Wir können dem Makro nun einen *Namen* geben. Die Vergabe ist sinnvoll, um die diversen Prozesse später besser unterscheiden zu können. Makros mit den Namen „speichern" oder „kopieren" besitzen schließlich mehr Aussagekraft als „Makro1" oder „Makro2". Wir belassen es hier jedoch zur Vereinfachung bei „Makro1". Zudem können wir dem Makro eine *Tastenkombination* (Shortcut) zuweisen und festlegen, ob wir das Makro für die aktuelle Arbeitsmappe, eine andere Arbeitsmappe oder für die „persönliche Makroarbeitsmappe" aufzeichnen wollen. Letzteres ist dann sinnvoll, wenn das Makro bei jeder Verwendung von Excel zur Verfügung stehen soll. Durch das Drücken des „OK"-Buttons beginnt anschließend die konkrete Aufzeichnung. Die Aufnahme läuft und jeder Schritt muss nun vollzogen werden, damit Excel ihn später nachvollziehen kann. Die Aufzeichnung beenden wir durch das Drücken auf *Aufzeichnung beenden* (vormals: „Makro aufzeichnen").

4.2.3 Die Aufzeichnung speichern

Das Makro ist aufgezeichnet und damit die Arbeit auch nicht verloren geht, speichern wir die Arbeitsmappe im nächsten Schritt ab. Hierbei ist zu beachten, dass wir VB-Code erstellt haben und die Datei nicht, wie gewohnt, mit der Endung „xlsx" abspeichern, sondern ihr die Endung „xlsm" zuweisen (Excel-Arbeitsmappe mit Makros). Danach schließen wir die Datei und öffnen sie erneut. Nach dem Öffnen erhalten wir jetzt eine Sicherheitswarnung, mit dem Hinweis, dass die Makros deaktiviert wurden. Warum das? VB-Code kann „schädlich" sein und so wird sichergestellt, dass der Computer nicht durch Viren, Trojaner oder andere Schadsoftware infiziert wird. Wir sind uns in diesem Fall jedoch sicher, dass diese Datei kein Schaden anrichtet – wir haben sie ja schließlich selbst erstellt. Wir können daher mit gutem Gewissen den *Inhalt aktivieren* und auf die Schaltfläche klicken.

Sollten wir mehrere Dateien erstellen, die VB-Code enthalten, können wir Excel auch mitteilen, dass es bestimmte Ordner gibt, die „sicher" sind. Hierzu gehen wir in die „Einstellungen für das Trust Center" und fügen dort einen Ordner hinzu, in dem die jeweils sicheren Dateien liegen (*Datei → Optionen → Trust Center → Einstellungen ... → Vertrauenswürdige Speicherorte*). Danach wird uns Excel für diese Dateien nicht mehr mit einem Sicherheitshinweis vor schädlichen Dateien warnen.

4.2.4 Makros mit Schaltflächen verbinden und ausführen

Wir wollen die vier Schritte nun wiederholen, diesmal soll jedoch ein Klick genügen. Dazu verknüpfen wir das aufgezeichnete *Makro* mit einer *Schaltfläche* (vgl. Abschnitt 3.3.1). Der Mauszeiger wandelt sich daraufhin in ein Fadenkreuz und wir können das Feld damit an den gewünschten Ort bewegen sowie es bei gedrückter Maustaste in die gewünschte Form bringen; wir können uns die Form sozusagen „zurechtziehen". Lassen wir die Maustaste los, öffnet sich ein Dialog-Fenster mit der Aufforderung *Makro zuweisen*. Dort finden wir auch das soeben aufgezeichnete „Makro1" wieder. Dieses wählen wir aus und bestätigen mit „OK".

Die Anordnung der Schaltfläche lässt sich auch noch an das Layout, das heißt der Höhe und Breite der Zellen anpassen. Dass wir ihre Form ändern können, sehen wir an den sechs Knotenpunkten, die die Schaltfläche umgeben. Die Schaltfläche lässt sich bei gedrückter [ALT]-Taste nun in die *genaue* Position bringen, sie rastet dadurch in den Zellen ein. (Sie lässt sich auch schon während des Einfügens drücken.) Breite und Höhe lassen sich dadurch auch genau an- bzw. in die Zelle einpassen.[21] Um zu überprüfen, was beim Betätigen der Schaltfläche passiert, müssen wir zunächst die Werte aus dem Zielbereich „B1:B3" löschen. Alternativ können wir auch andere Werte in den Quellbereich „A1:A3" einfügen. Jetzt betätigen wir die Schaltfläche und die Werte werden von links nach rechts kopiert. Schon hier wird deutlich, dass der Arbeitsaufwand durch Makros reduziert werden kann. Die Anweisung könnte zum Beispiel nicht aus vier, sondern aus 30 oder mehr Schritten bestehen, die bei mehrfach wiederholter Anwendung schnell mühsam werden können.

Nun wäre es nicht zielführend, wenn wir die Aufzeichnung des Makros stets wiederholen müssten, sobald wir einen Fehler machten. Der Zeitgewinn wäre dadurch schnell obsolet. Damit wir Fehler also im Nachhinein auch ausbessern können, ist es wichtig zu verstehen, *was* genau da eigentlich aufgenommen wird.

---

21 Dieser Schritt ist bei Schaltflächen sinnvoll und bei anderen Elementen sogar notwendig. Fügt man zum Beispiel eine neue Zeile über einem Listenfeld ein, bliebe es ohne diese Einpassung an Ort und Stelle. Wir wollen jedoch, dass es „mitwandert". Durch die Einpassung werden die Felder also *absolut* positioniert, das heißt in einer Zelle fixiert. Noch genauer müsste man sagen, dass das Element nun *relativ-absolut* gesetzt wird, da es später seine eigentliche Zellposition ändert (aus „A5" wird zum Beispiel „A6"), aber die Relation zu seinen „Nachbarzellen" behält.

4.3 Makros verstehen und editieren

Makros in Excel basieren auf der Programmiersprache Visual Basic for Applications (VBA). Wie einleitend schon angedeutet, besteht VBA aus der Sprache *Visual Basic*, mithilfe dessen wir die einzelnen anwendungsspezifischen Objektmodelle, das heißt die jeweiligen *Objekte, Eigenschaften, Methoden* und *Ereignisse* der Anwendung ansprechen können.[22] Stellen wir uns zur Veranschaulichung zum Beispiel ein Haus vor, das ist unser *Objekt*.[23] Dieses Haus besitzt wiederum verschiedene Türen und besteht somit aus weiteren Objekten. Die Türen des Hauses können nun geöffnet oder verschlossen sein – das wären ihre *Eigenschaften*. Wollen wir eine geschlossene Tür öffnen, ein *Ereignis*, dann würden wir dazu die *Methode* „Türschlüssel umdrehen" oder „Klinke drücken" wählen. Manchmal klemmt die Tür und in hartnäckigen Fällen würden wir die Methode „Fußtritt" verwenden. Wir sehen, ein Ereignis, das Öffnen der Tür, kann manchmal durch verschiedene Methoden realisiert werden und gleichsam zu unterschiedlichen *Ergebnissen* (Ausgabewerten) führen, nämlich einer Tür, die danach zum Beispiel die Eigenschaft „kaputt" besitzt.

4.3.1 Excel-Objekte

Auch Excel hat nun verschiedene *Objekte*. Die für uns wichtigsten haben wir bereits kennengelernt: 1) *Excel* selbst, die 2) *Arbeitsmappe*, das 3) *Arbeits-* bzw. *Tabellenblatt* und dessen 4) *Zellen*, wobei jedes Objekt seine Entsprechung innerhalb der Sprache „VBA" hat, nämlich 1) Application, 2) Workbook(s), 3) Worksheet(s) und 4) Range. Diese Objekte haben eine Hierarchie, die man sich leicht vor Augen halten kann, wenn man den Öffnungsvorgang des Programms betrachtet: Zunächst müssen wir Excel selbst öffnen. Nun lassen sich dort wiederum mehrere Arbeitsmappen parallel anzeigen, in denen sich verschiedene Arbeitsblätter befinden, die wiederum verschiedene Zellen besitzen. Die folgende Hierarchie zeigt dies auf:

```
Application.Workbooks("Mappe1").Worksheets("Tabelle1").Range("A1")
```

---

22 Im Folgenden werden die *Eigenschaften* und *Ereignisse* nicht weiter besprochen, da sie für die weitere Anwendung keine Rolle spielen.

23 Genau genommen wäre das Haus eine *Klasse*, also eine Art Ordner, der verschiedene Objekte beinhalten würde. Zur Vereinfachung wird jedoch von Objekt gesprochen. Grundsätzlich könnte man auch sagen, dass die *Klasse* „Straße" verschiedene *Objekte* „Haus" beinhaltet usw.

4.3 Makros verstehen und editieren

Diese Eingabe verweist auf Zelle „A1", in Arbeitsblatt „Tabelle1", der Arbeitsmappe „Mappe1" in Excel selbst. Mit verschiedenen Methoden könnten wir nun den Inhalt von Zelle „A1" bearbeiten.

4.3.2 Methoden

Die wichtigsten *Methoden*, die wir für die Konstruktion unseres Codesheets bzw. Fragebogens nutzen werden, sind auch die gängigsten, nämlich Auswählen, Kopieren und Einfügen. Wozu brauchen wir diese? Später wollen wir Inhalte aus bestimmten Zellen kopieren und anderswo einfügen und dazu müssen wir die Inhalte zunächst selektieren. Die Befehle für diesen Ablauf lauten *Select*, *Copy* und *Insert* (bzw. *Paste* oder *PasteSpecial*). Außerdem werden wir zwischen verschiedenen Arbeitsblättern wechseln, hierzu gibt es den Befehl *Activate* bzw. kann auch der Befehl *Select* dazu genutzt werden. Schauen wir uns dazu ein Beispiel an:

```
Worksheets("Tabelle1").Activate
Range("A1").Copy
Worksheets("Tabelle2").Activate
Range("A1").Insert
```

Der vorangegangene Befehl bedeutet nichts anderes, als das zunächst das Arbeitsblatt „Tabelle1" aktiviert wird. Daran anschließend wird Zelle „A1" kopiert und nach der Aktivierung von „Tabelle2" in deren Zelle „A1" eingefügt. Damit übertragen wir folglich Inhalte aus zwei verschiedenen Tabellenblättern in jeweils die gleiche Zelle. Als nächstes können wir uns nun das Makro anschauen, welches wir im vorangegangenen Abschnitt aufgenommen haben.

4.3.3 Module editieren und Code zusammenführen

Wir öffnen unseren VB-Editor mit der Tastenkombination [ALT]+[F11]. Unter *Module* finden wir unser „Makro1", das wir aufgenommen haben (vgl. Tab. 4.1).[24] Wie wir sehen, beginnt das Makro mit „Sub Makro1()" („Makro1" ist dabei der

---

24 Es ist eine Konvention, den eigentlichen Programmcode einmal mithilfe der Tabulator-Taste einzurücken, um eine bessere Zuordnung zu ermöglichen. Aufgrund des Platzes bzw. des zum Teil sehr umfangreichen Codes wird im Buch jedoch darauf verzichtet. Der Code funktioniert aber auch ohne das Einrücken.

Name des Makros, der beliebig umbenannt werden kann) und endet mit „End Sub". Dazwischen befindet sich der eigentliche Programmcode, den wir gleich etwas reduzieren wollen, da sich einige Methoden „kürzen" lassen. Schauen wir zunächst in Zeile 10, dort finden wir das Objekt *ActiveSheet*. Es kennzeichnet das aktuell angewählte Arbeitsblatt – haben wir also keinen Ort angegeben, wird das Makro in dem Arbeitsblatt ausgeführt, das gerade angewählt bzw. aktiv ist! Hier ist zu beachten, dass das Objekt *ActiveSheet* die *Paste*-Methode verlangt, während man bei Zellen entweder die *Insert*- oder die *PasteSpecial*-Methode nutzen kann.

Tab. 4.1 Ursprungs-Code des aufgenommenen „Makro1"

	Makro1: Zellen kopieren und Einfügen (aufgenommen)
1	Sub Makro1()
2	'
3	' Makro1 Makro
4	'
5	
6	'
7	Range("A1:A3").Select
8	Selection.Copy
9	Range("B1").Select
10	ActiveSheet.Paste
11	End Sub

Zunächst wollen wir also die „überflüssigen" Kommentarzeilen löschen, das sind diese mit einem einfachen Anführungszeichen (2-4, 6). In Zeile 7 und 8 sehen wir die Methoden *Select* und *Copy*. Das Objekt *Selection* kann dabei gekürzt werden, da es ausreicht, den Code in Zeile 7 auf „*Range(„A1:A3").Copy*" zu reduzieren, wobei wir den Punkt zwischen den Eingaben nicht vergessen dürfen. Damit haben wir unser Makro etwas reduziert (vgl. Tab. 4.2).

Tab. 4.2 Makro1 editiert

	Makro1: Zellen kopieren und Einfügen (editiert)
1	Sub Makro1()
2	'Makro1 editiert
3	Range("A1:A3").Copy
4	Range("B1").Select
5	ActiveSheet.Paste
6	End Sub

4.3 Makros verstehen und editieren

Im Grunde ließe sich der Code auch hier noch verkürzen, da wir bei unserem Zell-Objekt („Range") ebenso Inhalte mittels einer Methode einfügen können. Würden wir also unser Makro umschreiben, und die *Insert*-Methode wählen (vgl. Tab. 4.3).

Tab. 4.3 Makro1 editiert und umgeschrieben

Makro1: Zellen kopieren und Einfügen (Umgeschrieben)
1 Sub Makro1()
2 'Makro1 umgeschrieben
3 Range("A1:A3").Copy
4 Range("B1").Insert
5 End Sub

Wir gehen noch einen Schritt weiter, denn bisher müssen wir die eingefügten Zahlen von Hand löschen, dies wollen wir ändern. Dazu gibt es die Methode *Clear*. Wir wollen unser Makro jetzt so anpassen, dass es uns nach dem Kopiervorgang ein Dialog-Fenster (*MsgBox*) anzeigt und uns mitteilt, dass der Kopiervorgang abgeschlossen ist. Nach dem Schließen des Fensters durch „OK", sollen die Werte anschließend aus den Zellen gelöscht werden (vgl. Tab. 4.4).

Tab. 4.4 Makro1 editiert und erweitert

Makro1: Zellen kopieren, Einfügen und Löschen
1 Sub Makro1()
2 'Makro1 editiert, umgeschrieben und Dialog-Fenster eingefügt
3 Range("A1:A3").Copy
4 Range("B1").Insert
5 MsgBox ("Kopiervorgang abgeschlossen")
6 Range("B1:B3").Clear
7 End Sub

Bevor wir nach dem Ausführen des Makros auf „OK" drücken, kontrollieren wir zunächst, ob die Zellen tatsächlich kopiert worden sind, denn erst nach dem Klick auf „OK" wird der Zellbereich „B1:B3" gelöscht. Man sieht also, dass die Prozedur von „oben" nach „unten" abläuft und gegebenenfalls „wartet".

***

Wir haben nun einen kleinen Einblick in die Welt der Makros, mit ihren Objekten und Methoden usw. erhalten. Der gesamte *Objektkatalog* mit seinen dazugehörigen Elementen lässt sich innerhalb des VB-Editors durch Drücken der Funktionstaste [F2] anzeigen, um noch weitere Einblicke zu erhalten. Wir können uns nun auf die praktische Arbeit stürzen und sollten nachfolgend in der Lage sein, Makros für ein Codesheet bzw. einen Fragebogen in Excel zu schreiben und zu editieren. Bevor wir gleich konkret damit beginnen und dies exemplarisch aufgezeigt wird, sind noch ein paar allgemeine Hinweise zur Konstruktion notwendig, die sowohl das Codesheet, als auch den Fragebogen betreffen.

5 Allgemeine Vorbereitungen zur Datenerhebung mit Excel

Wir kommen nun zum praktischen Teil dieses Buches.[25] Alle nachfolgenden Ausführungen sind grundsätzlich als *Vorschlag* zu verstehen und können so umgesetzt werden, müssen es jedoch nicht. Die spätere Umsetzung hängt letztlich immer vom eigenen Vorhaben ab und muss deshalb je nach Situation sowieso einer Anpassung unterzogen werden. Im Folgenden wird aber immer wieder auf konkrete Zeilen, Spalten und Zellen Bezug genommen, das heißt das genaue Nachvollziehen der Schritte wird angeraten.

Wie wir bereits gesehen haben, ist Excel mehr als nur ein Programm zur Tabellenkalkulation. Es bietet eine Umgebung, in der wir Abläufe durch eigene Programmierungen automatisieren können. In Excel ist es zum Beispiel möglich, Zellen auszulesen, zu kopieren und wieder in eine bestimmte Form zu bringen. Dies können wir uns für die Datenerhebung zu Nutze machen. Egal ob nun eine Inhaltsanalyse oder eine Befragung durchgeführt werden soll, im folgenden Abschnitt treffen wir zunächst allgemeine Vorbereitungen, die für beide Methoden sinnvoll sind.

5.1 Anpassung des Layouts

Schauen wir uns ein Tabellenblatt genauer an, lässt sich feststellen, dass es eine veränderliche Oberfläche bietet, die einem Gitternetz entspricht – einem sogenannten „Grid-Layout", das häufig auch bei der Gestaltung von Websites genutzt wird (vgl. Abb. 5.1). Wozu ist das gut? Die spätere Benutzeroberfläche lässt sich dadurch nach

---

25 Die nachfolgenden Erklärungen werden an fiktiven Beispielen vollzogen und sollen die Konstruktion demonstrieren. Dies geschieht stark vereinfacht und findet eventuell zu Lasten der Methodik statt, die LeserInnen mögen mir dies bitte nachsehen.

eigenen Wünschen anpassen. Zudem können unter dem Hauptregister *Ansicht* auch alle *Gitternetzlinien*, *Überschriften* (Zeilen- und Spaltenbeschriftungen) sowie die *Bearbeitungsleiste* deaktiviert werden. Mit der *Menüband-Anzeigeoption*, die sich in der oberen rechten Ecke befindet, lässt sich das Menü ebenfalls reduzieren oder ausblenden, sodass wir später tatsächlich nur die jeweiligen Schaltflächen oder die für die Datenerhebung wichtigen Felder sehen. Im Grunde müssen wir uns überlegen, wie breit und differenziert die Anordnung sein soll. Jede Spalte und jede Zeile lässt sich dabei in ihrer Breite bzw. Höhe anpassen. Wir gehen dazu in den Spalten- bzw. Zeilenkopf und bemerken die Änderung unseres Mauszeigers. Es erscheint ein Pfeil der nach unten zeigt und mit dessen Hilfe wir nun die gewünschten Spalten (oder Zeilen) auswählen können.

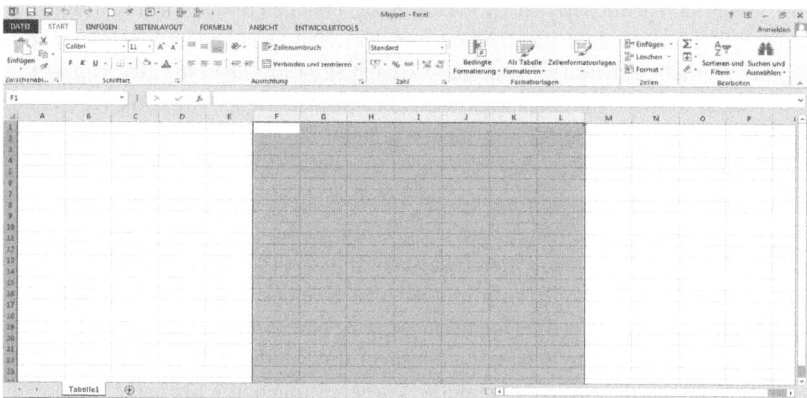

Abb. 5.1 Excel-Grid vor der Layout-Anpassung

In Abb. 5.1 sind zum Beispiel die Spalten „F" bis „L" markiert. Jede Spalte hat an ihren Außengrenzen eine graue Rahmung, die sich bis in den Spaltenkopf fortführt. Dort können wir die Breite anpassen, indem wir unseren Mauszeiger genau an eine dieser Stellen setzen. Es erscheint ein neues Zeigersymbol (ein Mittelbalken mit zwei Außenpfeilen), das wir bei gedrückter linker Maustaste nun nach Belieben verschieben können. Eine Bewegung nach links macht die Spalten dabei enger, die Bewegung nach rechts erweitert sie. Da wir mehrere Spalten markiert haben, werden diese nun *alle* in die festgelegte Breite gebracht (vgl. Abb. 5.2).

5.1 Anpassung des Layouts

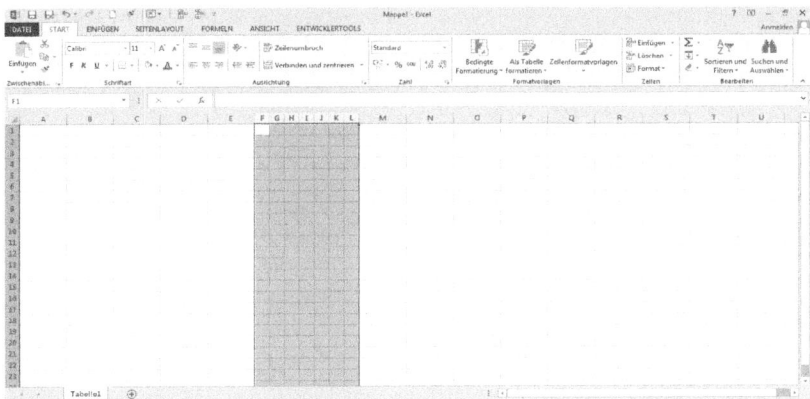

Abb. 5.2 Excel-Grid nach der Layout-Anpassung

Generell bietet es sich an, viele Spalten zu markieren und eine geringe Breite zu wählen, weil man dadurch genauere Möglichkeiten erhält, das Design anzupassen. Dies ist für den späteren Prozess der Codierung oder der Befragung hilfreich, weil ein übersichtliches Design auch die CodiererInnen oder Befragten besser anleitet. So wird eine *Orientierungshilfe* geboten und die spätere Arbeit angenehmer gestaltet. In Abb. 5.3 sehen wir, wie dies exemplarisch aussehen kann. Die Breite der Spalten (in dem Fall „B" bis „AL") wurde auf 25 Pixel (px) festgelegt, die Zeilen haben jeweils eine Höhe von 20px. Spalte „A" ist breiter gewählt (217px), um das Layout – aus ästhetischen Gründen – zu zentrieren. Zudem sind das Menü, die Überschriften sowie die Bearbeitungsleiste ausgeblendet. Zusätzlich zur Breiten- und Höheneinstellung lässt sich jede Zelle formatieren, das heißt es können unterschiedliche Schriften und Größen, sowie Zellfarben usw. festgelegt werden. Auch hier kann das Design die spätere Datenerhebung vereinfachen, weil die Einteilung, zum Beispiel in Sektionen, den Codiervorgang optisch anleitet. Das Layout lässt sich also nach den eigenen Vorgaben anpassen.

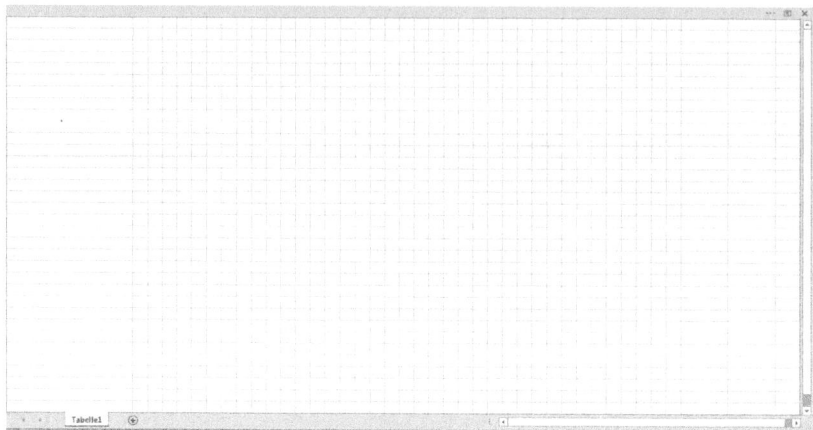

Abb. 5.3 Ausgangs-Layout für die Konstruktion

5.2 Wesentliche Tabellenblätter

Für die Konstruktion ist es sinnvoll, *vier* verschiedene Tabellenblätter zu nutzen bzw. anzulegen (Excel 2013 öffnet bei einer neuen Datei standardmäßig nur ein Tabellenblatt). Die Aufteilung kann dabei natürlich auch anders gewählt werden, diese hat sich jedoch bewährt (und wird in den folgenden Ausführungen auch so genutzt):

1. Listen
2. Codesheet / Fragebogen
3. Rechnung
4. Ergebnisse

Die *Listen* beinhalten unsere Kategorien bzw. die zur Auswahl stehenden Items, die später in das Codesheet bzw. den Fragebogen eingefügt werden. Hier geben wir also die Inhalte vor, die wir mit den jeweiligen Elementen verknüpfen. Zum Beispiel hat ein *Kombinationsfeld*, wie auch die meisten anderen Steuerelemente, einen *Eingabebereich*. Das ist ein Zellbereich, bestehend aus mindestens einer Zelle, in dem die Items hinterlegt sind und als Inhaltsquelle dienen. Das *Codesheet* bzw. der *Fragebogen* ist das Tabellenblatt mit unserer Benutzeroberfläche. Hier gestalten wir den Bereich, der am Ende von den CodiererInnen oder den befragten

5.2 Wesentliche Tabellenblätter

Personen genutzt wird, um Daten einzugeben bzw. Fragen zu beantworten. In dem Blatt *Rechnung* werden die Datenverknüpfungen angelegt. Jedes Steuerelement hat auch einen *Ausgabebereich*, in dem die jeweils getroffene Auswahl angezeigt bzw. ausgegeben wird. Hier werden wir unsere „Ergebniszeile" erstellen, eine Zeile, die später alle Werte enthält und in unser Blatt *Ergebnisse* übertragen wird.

***

Es sei nochmals darauf hingewiesen, dass es zum besseren Verständnis der Vorgänge dazu beiträgt, die Konstruktion, sei es Codesheet oder Fragebogen, parallel mit zu vollziehen. Andernfalls bleiben einige Anweisungen und/oder Verweise eventuell unverständlich. Zudem ist es hilfreich, sich die beiden Excel-Dateien herunterzuladen. Sie finden diese entweder auf der Website *www.cronbach.de* oder auf der Verlagsseite dieses Buches unter der Option *OnlinePlus*. Im weiteren Verlauf werden wir uns innerhalb der vier oben genannten Tabellenblätter hin und her bewegen. Gegebenenfalls ist es daher sinnvoll, sich den Bildschirm „aufzuteilen", das heißt sich mehrere Arbeitsblätter gleichzeitig anzeigen zu lassen. Außerdem werden im weiteren Verlauf immer wieder konkrete Zellen angegeben, das heißt ein genaues Nachvollziehen der hier angeführten Arbeitsschritte ist nur dann möglich, wenn die Verweise auch eingehalten werden. Nun haben wir alle notwendigen Vorbereitungen getroffen und können mit der Konstruktion unseres Codesheets (vgl. Kapitel 6) bzw. des Fragebogens (vgl. Kapitel 7) beginnen.

6 Inhaltsanalyse mit Excel: Konstruktion eines Codesheets

Die Konstruktion des Codesheets[26] setzt ein fertiges Kategoriensystem voraus. Spätere Ergänzungen sind zwar grundsätzlich möglich, jedoch umständlich. Es ist daher nicht nur sinnvoll, sondern auch zeitsparend, sich vorher genau zu überlegen, was man wie erheben und erfassen möchte. Kategorien, die sich später erst bei der Kodierung ergeben, können zum Beispiel durch die Kategorie „Sonstiges" aufgefangen und mit speziellen Code-Hinweisen vergeben werden – wir kommen darauf zurück. Das Kategoriensystem dient zudem als Vorlage zur Beschriftung der einzelnen Elemente unseres zu konstruierenden Codesheets. Ein typisches Beispiel für Inhaltsanalysen gibt es nicht, dazu ist die Methode zu universell einsetzbar. Ein Ausgangspunkt für die eigene Fragestellung könnte jedoch die bekannte Lasswell-Formel sein: *Wer sagt was in welchem Kanal zu wem mit welchem Effekt?* (Who says what in which channel to whom with what effect?)

Nehmen wir also an, wir wollen die Kommunikation auf unterschiedlichen Plattformen im Internet untersuchen. Unser Datenmaterial kann dabei leicht in Excel integriert werden, da es schon in digitaler Form vorliegt. Uns interessiert dabei, wie sich bestimmte Akteure zu gewissen Themen äußern, zum Beispiel zur *veganen Ernährung*. Stellen wir uns nun vor, wir hätten dazu die These aufgestellt, dass Kommentare auf Nachrichtenseiten differenzierter, konstruktiver und weniger beleidigend sind, als zum Beispiel auf Weblogs (Blogs). Außerdem nehmen wir an, dass es Themen*bereiche* gibt, die sich jeweils aus einzelnen Themen zusammensetzen. So gibt es zum Beispiel diverse Themen, die sich auf den *Körper* beziehen, oder Themen, die sich unter den Bereich *Umwelt* subsummieren lassen. Im Grunde ist also ein *Bereich* die „Summe" spezifischer, das heißt dazugehöriger Einzelthemen

---

26 Das *Codesheet* wird hier als das Blatt definiert, mit oder auf dem die Daten erhoben bzw. eingetragen werden. Oftmals wird der Begriff jedoch für die Übersicht der Codes genutzt, auf der die Codes mit ihrer Erklärung zu finden ist – für mich wäre dies das *Codebuch.*

(ein sogenannter „Index"). Für unsere Forschungsfrage haben wir uns bereits ein Kategoriensystem überlegt, das uns unter anderem als Grundlage für die Beschriftung der Elemente des Codesheets dient (vgl. Tab. 6.1). Diese „anzulegenden" Kategorien übertragen wir als erstes in unser Tabellenblatt *LISTEN*.

Tab. 6.1 Übersicht der anzulegenden Kategorien

Bestandteil / Kategorie	Ausprägung
Satzstring	Die jeweilige Äußerung
Formalia • ID des Falls • ID des Codierers • Titel des Beitrags • Anzahl der Wörter • Datum des Eintrags	formale Kategorien • = einzigartige ID, zur Trennung der Fälle • = jeweilige ID des Codierers • = Titel des Artikels • = Anzahl der Wörter des Kommentars • = Datum: TT-MM-JJJJ
Kommunikator (Wer)	Typ: Veganer, Nicht-Veganer Geschlecht: Mann, Frau

Thema (Was)	Themenbereiche und Themen:
	• Körper
	  • vegane Ernährung ist ungesund
	  • vegane Ernährung ist gesund
	• Gewissen / Moral
	  • Tiere töten ist unmoralisch
	  • Menschen haben schon immer Fleisch gegessen
	• Umwelt
	  • Fleischproduktion verschwendet Ressourcen
	  • Vegane Produkte verschwenden Ressourcen

Medium (Kanal)	Nachrichten-Portal Blog
Bewertung	negativ leicht negativ neutral leicht positiv positiv
Artikulation	konstruktiv, sachlich destruktiv, beleidigend

6.1 Vorbereitung: Anlegen von Kategorien

Beginnen wir nun mit der Umsetzung. Wir haben unsere Bestandteile festgelegt und können nun unsere Kategorien in das Tabellenblatt *LISTEN* einfügen. Achtung: Zu beachten ist, dass Excel die Schreibweise unterscheidet, deshalb ist „Listen" etwas anderes als „LISTEN". In Spalte „A" dieses Blattes schreiben wir zunächst die folgenden, durch Komma getrennten Items, jeweils *untereinander* und *separat* in eine Zelle (also in Zelle „A1", „A2", „A3", ...):

```
Kategorien, ID des Falls, Satzstring, ID des Codierers, Titel des
Beitrags, Anzahl der Wörter, Datum des Eintrags, Kommunikator-
Typ, Kommunikator-Geschlecht, Themenbereich, Thema, Medium,
Bewertung, Artikulation
```

Das Item „Kategorien" dient uns als Spaltenkopf und kann zur besseren Übersicht noch formatiert werden, zum Beispiel durch die Formatierung „fett". Die Auflistung ab Zeile 2 (hier Bereich „A2:A14") kann nun kopiert und in das Tabellenblatt *RECHNUNG* eingefügt werden (vgl. Abb. 6.1). Dieser Bereich dient uns später als Basis für unsere Werte- bzw. Zellverknüpfungen. Excel bietet uns dazu eine spezielle Einfüge-Option an, die sich *Transponieren* nennt. Dabei wird die Ausrichtung der kopierten Daten geändert, das heißt aus vertikalen Eingaben werden horizontale und umgekehrt. Der Text, der also nun vorher in einer Spalte und über mehrere Zeilen verteilt war, wird durch die Option „transponieren" über mehrere Spalten und eine Zeile verteilt. Die Auflistung sollte nun im Blatt *RECHNUNG* horizontal verteilt stehen (im Bereich „A1:M1").

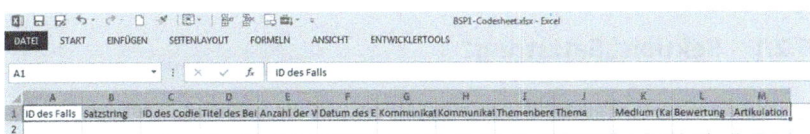

Abb. 6.1 Tabellenblatt RECHNUNG mit eingefügten Kategorien

Außerdem tragen wir alle weiteren Items und Ausprägungen in das Tabellenblatt *LISTEN* ein, damit wir mit ihnen später Zellverknüpfungen erstellen und unsere Schaltflächen befüllen können (vgl. Abb. 6.2). Nun haben wir alle Vorbereitungen getroffen und können mit der Erstellung des *Codesheets* beginnen. Dazu legen wir als erstes Sektionen an, verknüpfen diese anschließend mit Inhalten, nehmen

Makros auf und formatieren das Codesheet im Anschluss optisch, um später die visuelle Orientierung zu erleichtern. Beginnen wir mit den Sektionen.

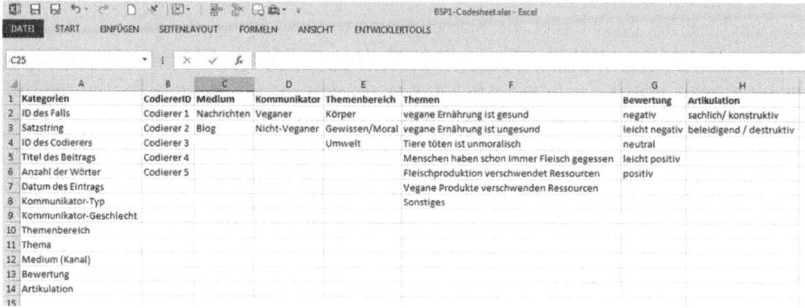

Abb. 6.2 Tabellenblatt LISTEN mit eingetragenen Items

6.2 Sektionen erstellen

Insgesamt teilen wir unser Blatt CODESHEET in verschiedene Bereiche auf, das sind unsere *Sektionen*. Grob lässt sich dabei in *formale* und *inhaltliche* Sektionen unterscheiden. Die Aufteilung folgt dabei der *Logik der Codierung*, das heißt dem späteren Codiervorgang. Wir müssen uns daher fragen, welche Elemente die CodiererInnen folglich zuerst im Text finden, welche danach und welche Elemente ganz zum Schluss.[27]

6.2.1 Sektion „Satzstring"

Die Variable *Satzstring* ist eine sogenannte „String"-Variable, die dazu dient, den zu codierenden Text mit in den Datensatz zu überführen. Zum einen hat das den Vorteil, dass man die Codierung später besser nachvollziehen und gegebenenfalls

---

[27] Im Blatt *LISTEN* (vgl. Abb. 6.2) sehen wir bei unseren „Kategorien", dass als erstes die *ID des Falls* vermerkt ist. Im weiteren Verlauf wird jedoch zunächst der „Satzstring" eingefügt, weil dieser, folgen wir der *Logik der Codierung*, zuerst eingegeben wird und die *ID* später automatisch generiert wird (vgl. Abschnitt 6.2.2). Die ID steht jedoch oftmals an erster Stelle, um die Fälle voneinander zu trennen. Dies ist nur eine Konvention, im Grunde könnte sie auch am Ende stehen.

nachbessern kann – gerade dann, wenn die Codierung nicht selbst vorgenommen wird. Zum anderen zeigt sich der Vorteil auch schon während der Codierung, denn der Codierer kann den Text fortwährend sehen und muss nicht mehrere Dokumente parallel geöffnet halten. Um dies zu gewährleisten, sollte das Textfeld daher groß genug angelegt werden. Durch die Möglichkeit mehrere Zellen miteinander zu verbinden, können wir ein einziges *Textfeld* bzw. eine größere Zelle erschaffen (*Start* → *Ausrichtung* → *Verbinden und zentrieren*). Wir verbinden hierzu die Zellen von „E1" bis „AL1" (also den Zellbereich „E1:AL1"). Die erste Zeile können wir für das Textfeld „Satzstring" reservieren und anschließend fixieren (*Ansicht* → *Fenster* → *Fenster fixieren*). Beim Bildlauf bleibt sie nun an ihrer Stelle und für die CodiererInnen immer einsehbar (vgl. Abb. 6.3). Als nächstes erstellen wir die Sektion „Formalia".

6.2.2 Sektion „Formalia"

Formalia soll die Sektion heißen, die alle formalen Kategorien beinhaltet. Dazu gehören gewöhnlich Dinge wie die *Überschrift* des Beitrages, die *Wortanzahl* und die *ID des Codierers* sowie die *ID des Falls*. Letztere ist sozusagen der Fingerabdruck, der die Fälle im Datensatz voneinander unterscheidbar macht und sollte deshalb für jeden Fall auch nur einmal vergeben werden. Für die „Fall-ID" bietet es sich an, die Funktion *Verkettung* zu verwenden, die aus diversen Merkmalen besteht (vgl. Tab. 3.1): Wir können zum Beispiel die *Überschrift* und das *Datum* für die ID nutzen, denn die Wahrscheinlichkeit, dass ein Beitrag mit derselben Überschrift, am selben Tag veröffentlicht wird, ist sehr gering. Außerdem fügen wir der Sektion die Kategorie *Medium* hinzu. Das hat den einfachen Grund, dass wir so alle wesentlichen Kernmerkmale eines Beitrages in einer Sektion finden – auch wenn das Medium an sich natürlich auch inhaltliche Aussagekraft besitzt. Diese Kategorie können wir nun ebenfalls mit der „Fall-ID" verbinden. So erhöht sich wiederum die Wahrscheinlichkeit einer exklusiven, aber interpretierbaren ID. Excel bietet zwar grundsätzlich auch die Möglichkeit an, Zufallszahlen zu generieren, die ebenfalls zur ID-Erstellung genutzt werden könnten, jedoch ließe sich diese ID nur bedingt interpretieren. Bei einer Kombination aus „Medium-Datum-Überschrift" kann der Fall jedoch schon auf den ersten Blick eingeordnet werden.

Als nächstes fügen wir Steuerelemente hinzu. Für die Auswahl der *Codierer-ID* und des *Mediums* nutzen wir jeweils ein *Kombinationsfeld* (vgl. Abb. 6.3). Wir gehen dazu in die *Entwicklertools* und wählen das *Steuerelement* „Kombinationsfeld" aus (vgl. Abschnitt 3.3.2). Nach der Auswahl ziehen wir diese jeweils an die gewünschte Position (hier: die Bereiche „E4:I4" sowie „N4:Q4") und fixieren sie dort mittels gedrückter [ALT]-Taste (vgl. Fußnote 21). Danach klicken wir mit der rechten Maustaste auf das Feld und öffnen die Einstellungen *Steuerelement formatieren*. Im nachfolgenden Dialog-Fenster gibt es mehrere Optionen, die für uns wichtigen befinden sich unter dem Reiter *Steuerung*. In das Feld *Eingabebereich* schreiben wir den Ort hinein, an dem sich unsere Inhalte befinden. Hierzu hatten wir das Tabellenblatt *LISTEN* angelegt.

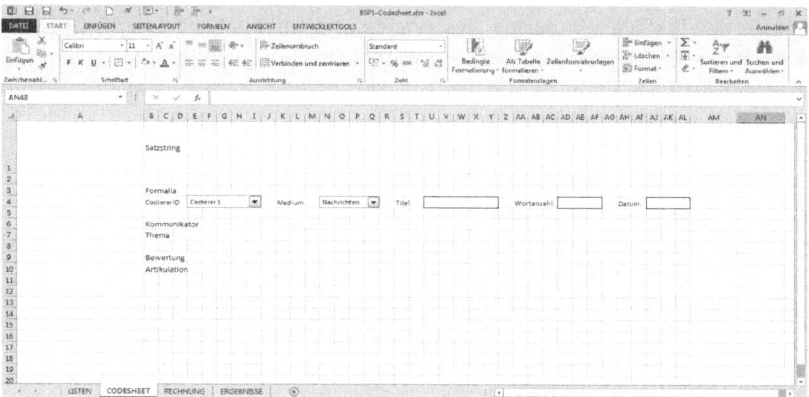

Abb. 6.3 Entwurf der Sektion „Formalia"

Einfacher als den Ort hineinzuschreiben, ist es, den Quellort bzw. den Quellbereich zu markieren. Das Pfeil-Symbol neben dem Eingabefeld ist genau dafür zuständig. Unsere Codierer – in unserem Beispiel fünf Stück – sind allesamt in Spalte „B" des Blattes *LISTEN* aufgeführt. Wir klicken also zunächst auf das Pfeil-Symbol. Daraufhin können wir an den Quellort gehen, die Daten markieren und die Eingabe mit der Eingabe-Taste („Enter") bestätigen. Innerhalb des Eingabebereichs findet sich nun eine kryptisch anmutende Eingabe:

LISTEN!$B$2:$B$6

Was sagt uns diese Eingabe? Mithilfe von „LISTEN!" wird das Tabellenblatt bezeichnet, auf das verwiesen wird, das Ausrufezeichen trennt dabei einfach nur den Quellort (das Tabellenblatt) von dem dort markierten Bereich. Die Dollarzeichen haben dabei die Funktion, die angegebenen Zellen zu *fixieren*. Das ist dann sinnvoll, wenn wir zum Beispiel eine Reihe von Zahlen einzeln mit einem bestimmten Wert

6.2 Sektionen erstellen

in einer Zelle multiplizieren wollen, der immer gleich bleibt. „Übersetzt" heißt die Eingabe also: *Excel, nutze im Blatt „Listen" den Bereich, der von genau Spalte „B" und genau Zeile „2" bis genau Spalte „B" und genau Zeile „6" aufgespannt wird.* Als nächstes schließen wir das Dialog-Fenster, um uns das Ergebnis anzuschauen. Noch ist der *Bearbeitungsmodus* des Kombinationsfeldes aktiv, ein Klick in eine beliebige Zelle deaktiviert diesen. Den Inhalt können wir nun durch die Betätigung des an der Seite befindlichen Pfeils wählen.

Diese Schritte wiederholen wir nun mit der Kategorie *Medium*. Wir hatten dazu festgelegt, dass wir in „Nachrichten-Portale" und „Blogs" unterscheiden. Diese beiden Items finden wir in Spalte „C" des Blattes *LISTEN* und verknüpfen anschließend das zweite Kombinationsfeld mit diesem Bereich („C2:C3").[28]

Mit den Kategorien *Titel*, *Wortanzahl* und *Datum* gehen wir ähnlich vor, wie bei unserem Textfeld *Satzstring* in der vorangegangen Sektion.[29] Die Größe der Felder kann grundsätzlich beliebig gewählt werden (hier wählen wir die Bereiche „U4:Y4", „AD4:AF4" und „AJ4:AL4"). Sollte mehr Text eingefügt werden, als das Feld groß ist, wird der Text nur optisch „abgeschnitten"; er bleibt jedoch faktisch erhalten.[30] Wir können also eine Vielzahl an Text in eine kleine Zelle schreiben und dabei Platz sparen. Gerade bei komplexen Forschungsvorhaben freut man sich als Codierer über eine übersichtliche und aufgeräumte Benutzeroberfläche bzw. Anordnung der jeweiligen Kategorien. Bisher haben wir uns mit formalen Kategorien bzw. Sektionen beschäftigt. Nun gehen wir zu den *inhaltlichen* Kategorien des Codesheets über.

---

28 Alternativ könnte man hier auch ein *Kontrollkästchen* einsetzen, da wir insgesamt nur zwei Items innerhalb der Kategorie haben und sich diese gegenseitig ausschließen. Dazu kommen wir gleich. Oftmals haben wir jedoch eine größere Anzahl an Items, wo sich diese Wahl dann auf jeden Fall anbietet. Kontrollkästchen geben letztlich die Werte *Wahr* bzw. *Falsch* zurück, man müsste also später noch eine *Wenn*-Funktion zur „Umwandlung" nutzen (vgl. Abschnitt 3.2.4).

29 Wir erinnern uns: Die *Textfelder* sind hier nichts anderes als miteinander verbundene Zellen, die einen Rahmen erhalten, damit sie sich besser von den anderen Zellen abheben.

30 Das klingt etwas kompliziert, lässt sich jedoch so verbildlichen: Die Zellen in Excel orientieren sich an ihren Nachbarzellen, sind diese leer, dann nimmt sich eine Zelle einfach den Nebenplatz, solange dieser frei ist. Sollte die Nachbarzelle irgendwann gefüllt werden, wird der Inhalt an dieser Stelle „abgeschnitten", er geht jedoch nicht verloren.

6.2.3 Sektion „Inhalte"

In unserem erfundenen Beispiel interessiert uns, wie in ausgewählten Mediengattungen (Nachrichten vs. Blogs) über das Thema „vegane Ernährung" diskutiert wird. In unserem Fall wollen wir wissen, wer etwas wie sagt und bewertet; wir fragen also nach einem *Akteur* (bzw. Kommunikator), einem *Thema*, einer Themen-*Bewertung* sowie der *Artikulation*.

Man kann diesen Zusammenhang nun unterschiedlich erheben. Grundlegend hängt es davon ab, welche Analyseeinheit man wählt. In unserem Fall könnte es entweder der gesamte Kommentar oder auch nur ein Satz des Kommentars sein. Wir wählen den *Kommentar* als *Analyseeinheit* und entscheiden uns dazu, die einzelnen Aussagen nochmals zu gewichten – warum das? Es kann sein, dass sich ein Kommentator zu mehreren Themen äußert und all diese wollen wir erheben. Folglich trennen wir in *Haupt-* und *Nebenthemen* und legen damit die Gewichtung fest. So könnten wir später zwischen den „sehr" wichtigen Themen und den „weniger" wichtigen Themen trennen und zudem herausfinden, welche Hauptthemen mit welchen Nebenthemen in Verbindung stehen.

Wir haben also zwei unterschiedliche Codier-Anweisungen getroffen: Das Hauptthema des Kommentars soll exklusiv sein, das heißt nur einmal vergeben werden; die Nebenthemen sind jedoch mehrfach auswählbar. Zur Umsetzung der Hauptthemen nutzen wir daher ein *Kombinationsfeld* und für die Nebenthemen die *Kontrollkästchen* (vgl. Abb. 6.4).[31]

6.2.3.1 Akteure / Kommunikatoren hinzufügen

Zunächst fügen wir jedoch die beiden Akteurskategorien hinzu. Wir nutzen dazu zwei *Kontrollkästchen*, die wir bei gedrückter [ALT]-Taste in jeweils eine Zeile und untereinander platzieren (in Zelle „G6" und „G7"). Haben wir die Kästchen breit genug gezogen, können wir nun deren Namen lesen, „Kontrollkästchen 1" und „Kontrollkästchen 2". Mit einem Rechtsklick lässt sich der jeweilige Name nun mithilfe der Option *Text bearbeiten* anpassen (vgl. Abb. 6.5).

---

31 Wir hatten in unserem Kategoriensystem noch in *Themenbereiche* getrennt, diese lassen wir uns automatisch ausgeben, weil die eigentlichen Themen exklusiv sind und jeweils nur in einem Bereich vorkommen. Wenn als Thema nun „vegane Ernährung ist gesund" codiert wird, kann dies nur in den Bereich „Körper" fallen (vgl. Tab. 6.1). Wie diese Automatisierung funktioniert, wird in Abschnitt 6.3.2.3 gezeigt.

6.2 Sektionen erstellen

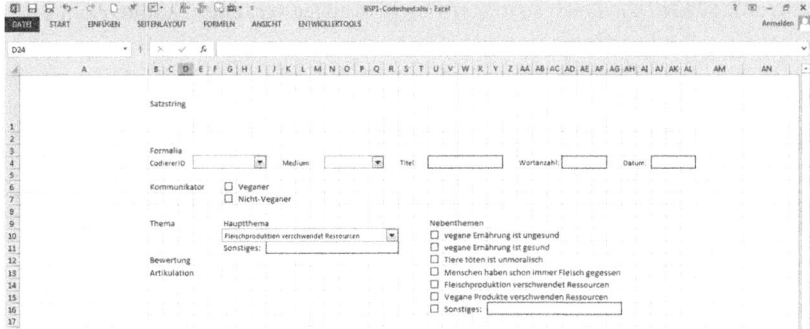

Abb. 6.4 Die Kategorien Kommunikator und Themen einfügen

Abb. 6.5 Kontrollkästchen und Bearbeitungsmenü

Bei vielen Kategorien wäre das sehr mühsam, aber auch hierbei hilft uns Excel weiter. Zuerst löschen wir den Namen des Kästchens vollständig und reduzieren dessen Breite auf eine Zelle bzw. soweit, sodass letztlich nur noch das Auswahlkästchen zu sehen ist. Anschließend gehen wir in die Zelle, die sich rechts neben dem Kästchen befindet und fügen dort unsere Beschriftung hinein. Dazu erstellen wir eine *Zellverknüpfung* und zwar mit den Werten aus unserem Tabellenblatt *LISTEN* (hier: =*LISTEN!D2*), da wir so unsere Beschriftungen verändern können, ohne die Kästchen selbst bearbeiten zu müssen.[32]

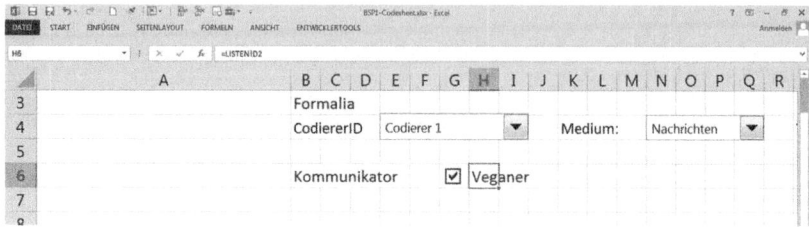

Abb. 6.6 Zellinhalt kopieren

Danach klicken wir erneut in die Zelle und markieren sie dadurch. Die Zelle wird nun von einem grünen Rand umgeben, an dessen rechten, unteren Ecke sich ein Quadrat befindet (vgl. Abb. 6.6). Da wir in unserem Beispiel zwei Ausprägungen der Kategorie „Kommunikator" und eine Ausprägung davon bereits manuell eingetragen haben („Veganer"), kopieren wir unseren zweiten Eintrag einfach eine Zelle darunter (hier in Zelle „H7"). Wir halten dazu das sich am Rand befindliche Quadrat gedrückt und ziehen es eine Zeile nach unten. Excel kopiert damit den Zellinhalt. Da es sich dabei um eine Funktion handelt, wird diese nun kopiert. Schauen wir etwas genauer hin, dann sehen wir, dass es keine exakte Kopie ist, sondern Excel hier ‚intelligent' gearbeitet hat. Unsere erste Verknüpfung lautet „LISTEN!D2", die zweite „LISTEN!D3", wir sehen also, dass Excel nun auch den darunterliegenden Inhalt *relativ* einfügt. (Hätten wir einen absoluten Zellbezug einfügen wollen, hätten wir auf die Dollarzeichen zurückgreifen müssen. Excel hätte dann eine ‚exakte' Kopie erstellt.) Jetzt fehlt noch ein letzter Schritt.

Wir wollen nicht nur das Kästchen, sondern auch die Beschriftungen anklicken können. Das hat zum einen den Vorteil, dass die Klickfläche vergrößert wird und zum anderen „fühlt" es sich dadurch eher an wie eine Schaltfläche. Anfangs hatten wir die Länge des Kontrollkästchens verkürzt, sodass man nur noch das Kästchen selbst sehen konnte. Das machen wir nun rückgängig und ziehen es über die Breite

---

32 Die Zellverknüpfung besteht letztlich aus einer Verlinkung zwischen zwei Zellen, die einfach mithilfe eines Gleichheitszeichens erstellt wird. In einer ‚Ziel'-Zelle soll dabei der Wert einer ‚Quell'-Zelle ausgegeben werden.

6.2 Sektionen erstellen

der Beschriftung.[33] Anschließend entspricht die Breite des Kästchens genau der Fläche, die sich betätigen lässt (vgl. Abb. 6.7).

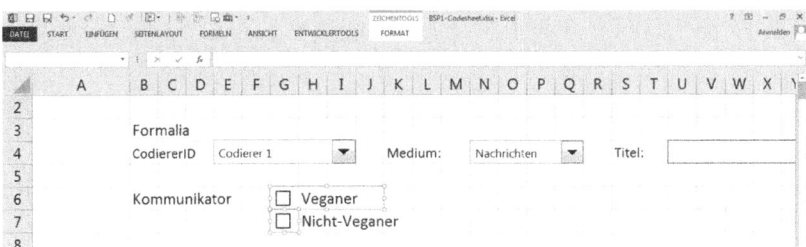

Abb. 6.7 Breite der Kontrollkästchen anpassen

Im Übrigen lassen sich Kontrollkästchen, aber auch alle anderen Steuerelemente, kopieren und einfügen. Zunächst muss man dazu mit der rechten Maustaste die *Bearbeitungsfunktion* aktivieren. Dann kann das jeweilige Steuerelement mit der Tastenkombination [STRG]+[C] kopiert, die gewünschte Zelle markiert und abschließend zum Beispiel durch die Kombination [STRG]+[V] als Kopie eingefügt werden. Mehrere Elemente lassen sich wiederum bei gedrückt gehaltener [STRG]-Taste auswählen. Die Auswahl lässt sich dann anschließend ebenso an einer beliebigen Stelle platzieren.[34]

In Anschluss fügen wir unserem Codesheet noch die Kategorie *Geschlecht* hinzu. Wir gehen zur Vereinfachung davon aus, dass die Kategorie eine dichotome Ausprägung hat, das heißt nur die Werte „männlich" oder „weiblich" annehmen kann. Letztlich können wir den Datensatz dadurch später mithilfe dieser Variable gruppieren, also in männliche und weibliche Teilnehmer teilen und überprüfen, inwiefern es dort Unterschiede gibt. Im Prinzip reicht es daher aus, im Codesheet nur eine Ausprägung bzw. ein Feld anzulegen – zum Beispiel *weiblich*.[35] Wir nut-

---

33 Wollen wir nun die Beschriftung ändern, können wir dies, indem wir in eine Zelle über (oder unter) dem Feld klicken und mit den Pfeiltasten an den gewünschten Ort navigieren, oder noch einfacher, die Beschriftungen in unserem Tabellenblatt *LISTEN* anpassen.

34 Bei unseren *Nebenthemen* wenden wir dies nachfolgend genauso an. Wir markieren also das *Kontrollkästchen* und fügen es im *CODESHEET* sieben Mal untereinander ein (6 explizite Themen, 1x Sonstiges; vgl. Abb. 6.9).

35 Dieses Vorgehen ist zwar zeitsparend und adäquat, es wäre jedoch sicherlich sinnvoller alle Kategorien zu nutzen, da hier eventuell eine Fehlerquelle liegt, nämlich das die

zen dazu also nur ein *Kontrollfeld* und verschlanken dadurch den Codiervorgang: Immer wenn das Kästchen angeklickt wird, hat also eine Autorin den Beitrag bzw. Kommentar verfasst; bleibt es deaktiviert, dann gehen wir von einem Autoren aus (vgl. Abb. 6.8).

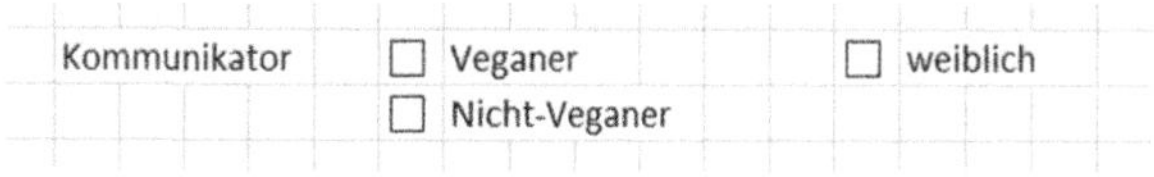

| Kommunikator | ☐ Veganer | ☐ weiblich |
| | ☐ Nicht-Veganer | |

Abb. 6.8 Kategorie „Geschlecht" mit einfacher Auswahlmöglichkeit

6.2.3.2 Themenkategorien erstellen

Ziel war es, die Kommentare nach einem Hauptthema und möglichen Nebenthemen zu untersuchen. Unsere *Themenkategorien* untergliedern wir also nochmals in zwei Abschnitte. Für das Hauptthema nutzen wir ein *Kombinationsfeld* (vgl. Abschnitt 3.3.2) und verknüpfen dieses mit dem Eingabebereich „LISTEN!$F$2:$F$8" (*Steuerelement formatieren* → *Eingabebereich*); für die Nebenthemen nutzen wir *Kontrollkästchen* (vgl. Fußnote 34). Das Kombinationsfeld hat den Vorteil, dass es wenig Platz verbraucht, die Auswahl eindeutig bzw. besser sichtbar ist und wir unsere späteren Bewertungskategorien darunter platzieren können. Mit dem Kontrollkästchen können wir wiederum eine Mehrfachauswahl realisieren. Die Einbindung der Kontrollkästchen setzen wir wie eben beschrieben um, indem wir das Kästchen zunächst verkürzen, es anschließend kopieren, die jeweiligen Beschriftungen durch Zellverknüpfungen einfügen und die Kästchen abschließend wieder verbreitern. Zusätzlich fügen wir *Textfelder* („Sonstiges") ein, sowohl bei den Haupt- als auch bei den Nebenthemen, die uns als „Auffangkategorie" dienen und dann zum Einsatz kommen, wenn ein Thema angesprochen wird, das sich noch nicht in unserem Kategoriensystem befindet. Damit haben wir nun unsere Themenkategorien erstellt (vgl. Abb. 6.9).

CodiererInnen später vergessen eine Auswahl zu treffen oder das Vorgehen zunächst nicht beim ersten Mal verstehen.

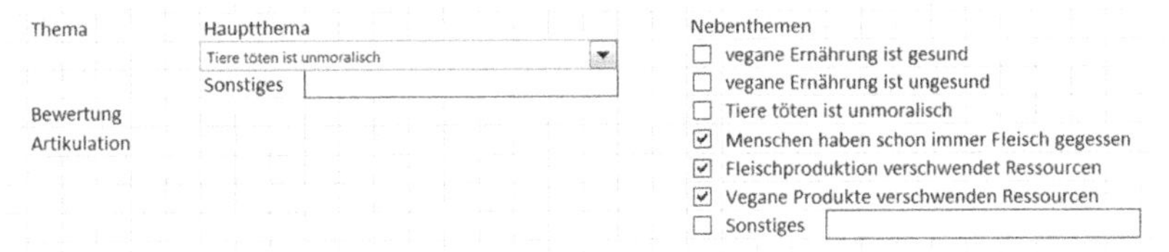

6.2 Sektionen erstellen

Thema	Hauptthema	Nebenthemen
	Tiere töten ist unmoralisch ▼	☐ vegane Ernährung ist gesund
	Sonstiges	☐ vegane Ernährung ist ungesund
Bewertung		☐ Tiere töten ist unmoralisch
Artikulation		☑ Menschen haben schon immer Fleisch gegessen
		☑ Fleischproduktion verschwendet Ressourcen
		☑ Vegane Produkte verschwenden Ressourcen
		☐ Sonstiges

Abb. 6.9 Sektion „Inhalte" – Entwurf der Themenanordnung und -auswahl

6.2.3.3 Bewertungs- und Artikulationskategorien hinzufügen

Als nächstes wollen wir die *Bewertungs-* und *Artikulationskategorien* einfügen, die wir jedoch nur auf das Hauptthema anwenden wollen.[36] Jene können, wie auch das Hauptthema, nur einmal vergeben werden, weshalb wir dazu erneut das *Kombinationsfeld* nutzen. Wir fügen dieses nun zweimal ein und verknüpfen es jeweils mit dem dazugehörigen Eingabebereich (vgl. Abb. 6.10).

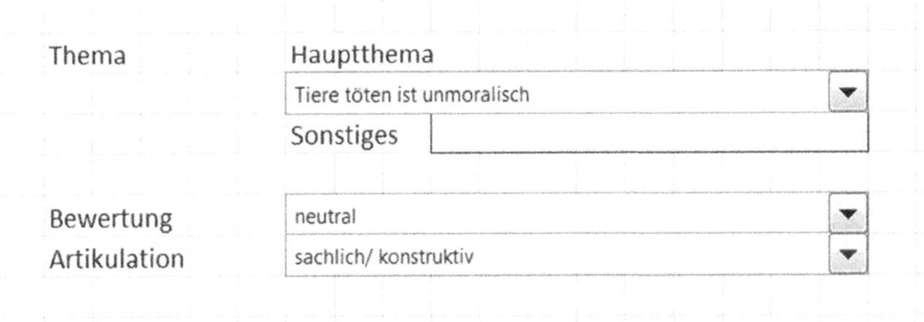

Thema	Hauptthema
	Tiere töten ist unmoralisch ▼
	Sonstiges
Bewertung	neutral ▼
Artikulation	sachlich/ konstruktiv ▼

Abb. 6.10 Bewertungs- und Artikulationskategorien

Nehmen wir jetzt an, dass auch ein Hauptthema nicht immer eindeutig, sondern manchmal auch *ambivalent* bewertet wird. Wir ergänzen daher die Ausprägung „ambivalent" in unserer Liste – diese fügen wir der Kategorie nicht neu hinzu, sondern ergänzen die Ausprägung „neutral" im Blatt *LISTEN* („neutral" wird zu

---

36 Eine differenzierte Untersuchung könnte dies auch auf die Nebenthemen beziehen, das Konstruktionsprinzip bliebe dabei gleich.

"neutral / ambivalent").[37] Wir sehen nun, dass sich auch in unserem Kombinationsfeld die Ausprägung bzw. das *Label* der Ausprägung geändert hat. Für die Kategorie *Artikulation* wollen wir diese Ausprägung nun ebenfalls einfügen. Wir gehen dazu in das Blatt LISTEN und verschieben die Ausprägung „beleidigend / destruktiv" eine Zelle nach unten (nach „H4"), einfach indem wir sie anwählen und nach unten ziehen. In Zelle „H3" fügen wir nun die Ausprägung „neutral / ambivalent" ein (vgl. Abb. 6.11). Abschließend kontrollieren wir, ob sich der Eingabebereich auch angepasst hat, entweder schauen wir dazu direkt in das Kombinationsfeld, oder in dessen Eingabebereich.

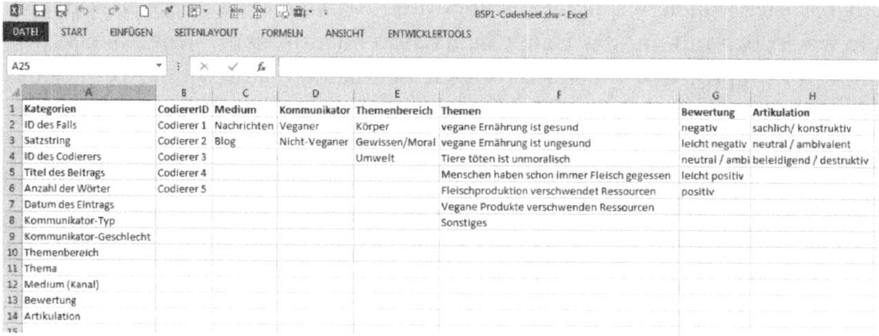

Abb. 6.11 Erweitertes Tabellenblatt LISTEN

***

Wir haben nun alle Sektionen mit ihren jeweiligen Kategorien angelegt (vgl. Abb. 6.12). Als nächstes wollen wir die jeweiligen Schaltflächen mit ihren Ausgabezellen verknüpfen. Nachfolgend findet sich zudem eine alternative Konstruktionsweise, die zeigt, dass unsere vorangegangene Arbeit auch anders hätte aussehen können (vgl. Abb. 6.13). Wie das Codesheet also letztlich konstruiert wird, hängt vom jeweiligen Umfang der Forschung ab. Arbeitet man zum Beispiel mit mehreren Codierern zusammen, kann ein Pretest hilfreich sein, um das Design bzw. die Anordnung zu

---

37 Wenn ein Thema ambivalent kommuniziert wird, dann könnte ein Teil *leicht positiv* und ein anderer *leicht negativ* bewertet sein. Vergibt man für diese Ausprägungen jeweils den Wert „1", einmal positiv (+1) und einmal negativ (-1), dann ergibt sich am Ende eine rein *rechnerisch* neutrale Bewertung, auch wenn ‚neutral' natürlich nicht dasselbe wie ‚ambivalent' darstellt.

6.2 Sektionen erstellen

testen. Welche Formularelemente jeweils zur Anwendung kommen, hängt letztlich auch davon ab, welche man persönlich intuitiver findet.

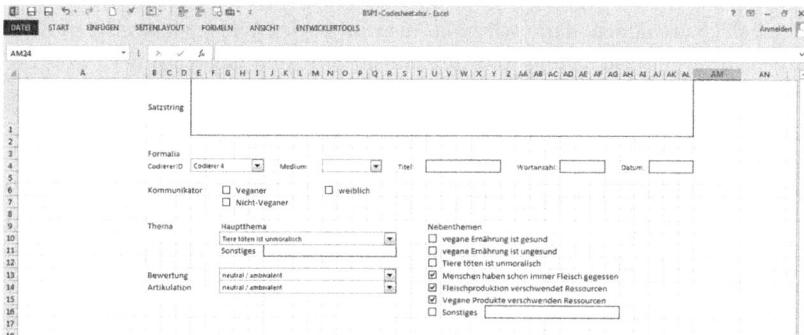

Abb. 6.12 Vorläufiges Codesheet

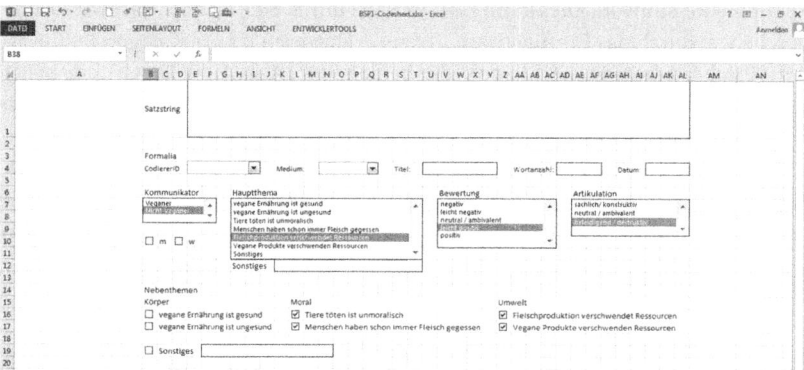

Abb. 6.13 Alternatives Codesheet

6.3 Zellverknüpfungen hinzufügen

Die Formularsteuerelemente haben nicht nur Eingabe-, sondern auch Ausgabebereiche – die *Zellverknüpfungen*. Wenn wir zum Beispiel etwas aus einem Kombinationsfeld auswählen, dann wird die Auswahl in einer vorher festgelegten Zelle ausgegeben. Bei Listen- und Kombinationsfeldern sind das Nummern bzw. die Listenplätze der jeweiligen Items. Wählen wir zum Beispiel das dritte Item aus, dann wird die Nummer „3" zurückgegeben. Kontrollkästchen geben wiederum die logischen Werte, nämlich „WAHR" und „FALSCH" zurück. Beide Ausgaben können durch die *Wenn*-Funktion (bzw. die Funktion *Sverweis*) umgewandelt werden, zum Beispiel in Text oder numerische Ausdrücke. Zellverknüpfungen werden, wie der Eingabebereich auch, im *Formatierungsmenü* des Steuerelementes angegeben (Rechtsklick → *Steuerelement formatieren*).

Für die Zellverknüpfungen haben wir das Arbeitsblatt *RECHNUNG* erstellt. Zu beachten ist, dass jedes Element (bzw. jede Kategorie) seine eigene Ausgabezelle erhält! Sind also viele Elemente vorhanden, kann es schnell unübersichtlich werden und die *bereichliche Trennung* der Ausgabezellen bzw. eine Einteilung in die jeweilige Sektion wird sinnvoll. Dies kann zum Beispiel durch eine farbliche Formatierung geschehen, durch das Einfügen von „Trenn-Kategorien" (leere Kategorien, die einen Abschnittsbeginn markieren) oder beidem (vgl. Abb. 6.14). Im Grunde bietet es sich an, beides zu verwenden. Wählt man die Farbe dann noch so, wie sie auch für die einzelnen Sektionen genutzt wird, erhöht sich die Übersichtlichkeit. In unserem Beispiel haben wir nur wenige Kategorien und Verknüpfungen, wodurch die Übersicht stets gewahrt bleiben sollte. Bei einem komplexen Kategoriensystem mit 100 und mehr Einträgen, geht die Übersicht jedoch schnell verloren. Wie gehen wir nun vor?

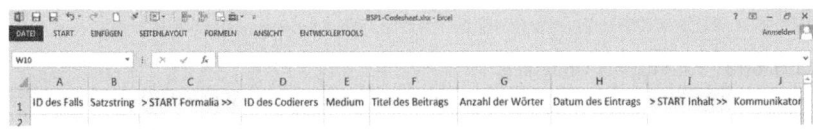

Abb. 6.14 Abschnitte im Blatt RECHNUNG gliedern

6.3.1 Unterkategorien anlegen und Spalten einfügen

Zunächst müssen wir die Unterkategorien anlegen, da jedes Element, wie eben erwähnt, seine eigene Zellverknüpfung erhält.[38] Einige Kategorien hatten wir anfangs schon eingefügt, andere fehlen wiederum noch. So müssen wir zum Beispiel das *Nebenthema* mit seinen Ausprägungen ergänzen, da wir uns für eine Mehrfachauswahl entschieden haben, das heißt wir müssen pro Nebenthema auch eine neue Spalte im Blatt *RECHNUNG* anlegen, denn jedes Nebenthema muss die Möglichkeit erhalten, im Arbeitsblatt aufzutauchen. Grundlegend zählen wir dazu die Ausprägungen einer Kategorie und fügen die Anzahl der Spalten jeweils gemäß der ermittelten Summe ein (vgl. Abb. 6.15). Für die Kategorie *Nebenthema* sind es in unserem Fall insgesamt sieben Spalten, da wir sechs vorgegebene Themen-Ausprägungen und einmal die Kategorie „Sonstiges" haben. Für die Kategorie *Sonstiges* müssen wir eine Besonderheit bedenken, denn hier stehen uns ein Kontrollkästchen *und* ein Textfeld zur Verfügung. Demnach ergänzen wir für die Kategorie noch eine Spalte. Das Sonstiges-Kontrollkästchen dient uns später als *Filter*, um die zu rekodierenden Daten schneller zu finden, die im Textfeld eingetragen wurden.[39]

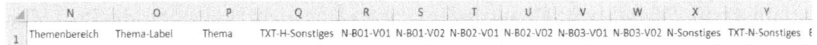

Abb. 6.15 Spalten für die Themenkategorien im Codesheet

Für die „thematische Codierung" haben wir bisher die Kategorien *Themenbereich* und *Themen* angelegt. Aus Gründen der Ordnung bietet es sich an, alle thematischen Codierungen beieinander zu halten, das heißt wir müssen die jeweils notwendigen Zellen letztlich zwischen die thematisch zugehörigen einfügen. Auch hier sind verschiedene Vorgehensweisen möglich: Um eine gesamte Spalte oder Zeile zu markieren, nutzen wir den Spalten- bzw. Zeilenkopf. In unserem Fall gehen wir dafür zunächst in den gewünschten Spaltenkopf, öffnen dort das Kontextmenü mit der rechten Maustaste und wählen *Zellen einfügen*. Danach wird links eine Spalte (mit ihren Zellen) eingefügt. Durch Drücken der [F4]-Taste wiederholt Excel diesen Vorgang. (Würden wir zwei Spalten markieren, würde Excel zwei weitere hinzufügen usw.) Alternativ könnten wir uns dazu auch acht Spalten von „außen"

---

38 Vgl. hierzu die Übersicht am Ende des Abschnittes, in der alle Beschriftungen und Verlinkungen nochmals aufgelistet sind (Tab. 6.3).

39 Man kann später entweder die Fälle sortieren, zum Beispiel auf- oder absteigend; man könnte sich jedoch auch durch einen Filter-Einsatz nur die Fälle ausgeben lassen, die in der Spalte eine „1" aufweisen und gleichsam alle anderen Fälle ausblenden.

heranziehen, das heißt wir würden dazu acht beliebige Spalten markieren, anschließend mit dem Cursor auf den grünen Rahmen bzw. Außenrand gehen und diesen Bereich bei gedrückter [UMSCHALT]-Taste („Shift") dann an den gewünschten Ort ziehen. Spalten lassen sich dadurch *verschieben* und das funktioniert ebenfalls mit Zeilen bzw. Zellen. Die Ergänzung nehmen wir schließlich für alle notwendigen Verknüpfungen vor.

Im Anschluss müssen wir die leeren Spalten noch benennen, den Variablen also einen *Namen* geben. Dabei ist es ratsam, einen Namen zu wählen, der zwar nicht zu lang, jedoch immer noch „aussagekräftig" ist. „N01" ließe nur wenige Rückschlüsse zu, die gesamte Bezeichnung, zum Beispiel „Tiere töten ist unmoralisch", wäre wiederum zu lang. Da wir drei *Themenbereiche* haben, könnten wir diese in die Benennung mit einbeziehen. Das Nebenthema („N") aus Bereich „1" („B01") wäre dann zum Beispiel *N-B01-V01*, aus Bereich „2" dann entsprechend *N-B02-V01* usw., wobei „V01" die erste Variable (das Thema) des jeweiligen Bereiches kennzeichnet. Die spätere Zuordnung fällt so leichter, da wir den Namen mehr Informationen entnehmen können, sie aber trotzdem relativ kurz sind.[40] Für die Kategorie *Sonstiges* wählen wir einfach „N-Sonstiges". Der Kategorie gehört noch ein Textfeld an, dieses nennen wir „TXT-N-Sonstiges" und kennzeichnen mit dem Kürzel „TXT", dass es sich dabei um ein Textfeld handelt. Da wir die Sonstiges-Kategorie auch bei unserem *Thema* (bzw. Hauptthema) vorfinden, wiederholen wir die Prozedur auch dort, wobei nur eine Spalte für die Sonstiges-Kodierung eingefügt werden muss (*TXT-H-Sonstiges*), da „Sonstiges" schon im Kombinationsfeld zur Auswahl steht (vgl. erneut Abb. 6.15).

6.3.2 Elemente verknüpfen

Werfen wir nochmals einen Blick auf unser Codesheet. Wir sehen die verschiedenen Elemente, die wir zur Konstruktion genutzt haben, nämlich *Text-* und *Kombinationsfelder* sowie *Kontrollkästchen*. Während unsere Textfelder letztlich nur Zellen sind, die wir jetzt durch einfache *Verknüpfungen* übernehmen werden,[41] müssen alle „richtigen" Steuerelemente mithilfe ihrer jeweiligen Kontextoptionen verbunden

---

40 SPSS unterscheidet Variablennamen und Beschriftungen. Die Variablen haben dort standardmäßig die fortlaufende Beschriftung „VAR00001", „VAR00002" usw. Das ist zwar nicht sehr aussagekräftig, jedoch relativ kurz und übersichtlich – die vorgeschlagene Variante wäre im Grunde eine Mischung aus beidem: (relativ) informativ und kurz.

41 Wir haben das schon kennengelernt, indem wir die Inhalte für unsere Beschriftungen aus unserem *LISTEN*-Arbeitsblatt übernommen haben. Die Verknüpfung erfolgt durch die Verwendung des Gleichheitszeichens in der Zielzelle.

6.2 Sektionen erstellen

werden. Für die Verknüpfung von Zellen ist es hilfreich, mit geteilten Fenstern zu arbeiten, das heißt im Hauptregister *Ansicht* ein *Neues Fenster* zu öffnen. Diese können nun mithilfe der Tastenkombination [⊞]+[Pfeiltaste] nebeneinander platziert werden, wobei das eine das Tabellenblatt *CODESHEET* und das andere das Blatt *RECHNUNG* zeigt (vgl. Abb. 6.16).

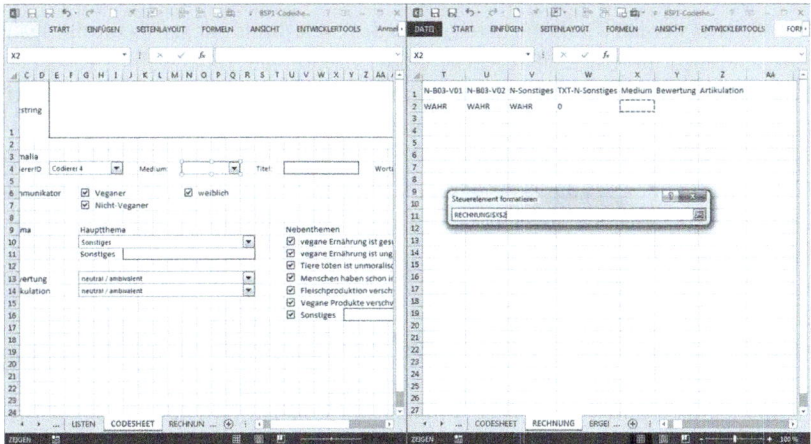

Abb. 6.16 Getrennte Ansichten erleichtern die Verknüpfung

6.3.2.1 Textfeld-Verknüpfungen herstellen

Fangen wir mit den *Textfeldern* und dem *Satzstring* an. Hierzu gehen wir in das Arbeitsblatt *RECHNUNG* und wählen die Zelle „B2" aus, da hier der *Satzstring* eingefügt werden soll. Eine Verknüpfung erstellen wir durch die Eingabe des *Gleichheitszeichens* und der Eingabe des Quellortes. In unserem Fall befindet sich dieser im Blatt *CODESHEET* und in Zelle „E1", da wir dort vorher alle Zellen beginnend mit „E1" bis einschließlich „AL1" miteinander verbunden haben und die erste Zelle als Quelle übrig bleibt. Die komplette Eingabe müsste also „=CODESHEET!E1" lauten. Nach der Eingabe des Gleichheitszeichens könnte alternativ dazu auch einfach an den Quellort navigiert, die Zelle angewählt und mit der Eingabetaste bestätigt werden.

Nach der Eingabe gibt uns Excel nun den Wert „0" zurück und weist uns somit darauf hin, dass in dem Feld keine Werte eingegeben wurden. Unsere Verknüpfung können wir nun testen, indem wir etwas in das Textfeld schreiben, zum Beispiel „Ich bin ein Satzstring". Die Ausgabe sollte sich daraufhin ändern. Löschen wir anschließend die Eingabe in unserem Textfeld, zeigt die Ausgabe entsprechend wieder „0". Achtung: Es ist bei Textfeldern darauf zu achten, nicht die Zellverknüpfung zu löschen, sondern nur die Eingaben im Codesheet, andernfalls werden die Werte später nicht übernommen! Mit den anderen Textfeldern („Sonstiges") verfahren wir nun genauso (hier: Zellverbund „J11:R11" sowie „Y16:AG16").

6.3.2.2 Steuerelemente verknüpfen

Als nächstes werden wir die Steuerelemente des Codesheets mit den dazugehörigen Ausgabezellen im Arbeitsblatt *RECHNUNG* verknüpfen. Dazu wählen wir jedes Element einzeln mittels Rechtsklick an und wählen den Options-Menüpunkt *Steuerelement formatieren*. Unter dem Reiter *Steuerung* finden wir das Feld *Zellverknüpfung*. Dort tragen wir nun jeweils die Zelle ein, die zum Feld gehören soll. (Alternativ können wir die Zelle auch einfach wieder mithilfe der Maus anwählen und Excel den Ort automatisch eintragen lassen.) Diesen Vorgang wiederholen wir nun für alle *Kombinationsfelder* und *Kontrollkästchen*. Zum Beispiel verknüpfen wir die *ID des Codierers* mit der Zelle „D2", wir tragen also „=RECHNUNG!$D$2" in das Feld *Zellverknüpfung* ein. Wählen wir anschließend das Item *Codierer4* aus, wird uns in dem verknüpften Feld die Ziffer „4" ausgegeben, weil es innerhalb der Liste die vierte Position belegt. Zudem lässt sich der Ausgabeort eines Formularelementes auch durch die direkte Eingabe der Quelle in die *Bearbeitungsleiste* realisieren. Sobald der Bearbeitungsmodus aktiviert ist (Rechtsklick), kann etwas in die Leiste eingegeben werden (vgl. Abb. 6.17).

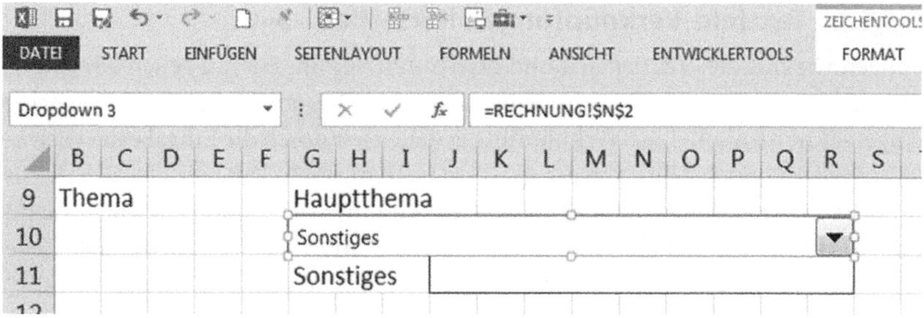

Abb. 6.17 Formularsteuerelemente in der Bearbeitungsleiste verknüpfen

Im vorangegangenen Abschnitt haben wir unseren *Satzstring* verknüpft. Dort hatten wir gesagt, dass wir nicht den Inhalt der Ausgabe-, sondern den Inhalt der *Eingabe*zelle löschen müssen, sollten wir das Feld zurücksetzen wollen. Bei unseren

Kombinationsfeldern und Kontrollkästchen verhält es sich umgekehrt: Um Formularsteuerelemente zurückzusetzen, löschen wir die *Ausgabe*zelle. Bei unserem Beispiel „Codierer4" müssen wir, um das Feld zurückzusetzen, nun einfach die „4" in der Ausgabezelle löschen. In unserem Codesheet sollte anschließend keine *Codierer*-Auswahl mehr zu sehen sein.

6.3.2.3 Funktionen einfügen

Damit wir die Daten bzw. Fälle voneinander trennen können, müssen diese eindeutig gekennzeichnet werden, hierzu hatten wir die Kategorie *ID des Falls* angelegt. Mithilfe einer Verkettung der Kategorien *Medium, Datum* sowie *Titel des Beitrages*, die wiederum durch Bindestriche voneinander getrennt werden sollen, setzt sich die Fall-ID zusammen. Die Eingabe der *Verketten*-Funktion erfolgt in unserem Beispiel in die Zelle „A2" und lautet:

```
=VERKETTEN(E2;"-";H2;"-";F2)
```

Anschließend gehen wir in die Zelle „J2", in der wir das das *Kommunikator-Label* einfügen wollen.[42] Hierzu nutzen wir eine (verschachtelte) *Wenn*-Funktion mit einem *Und*-Operator, die insgesamt vier Werte zurückgeben kann:

```
=WENN(UND(K2=WAHR;L2=WAHR);"Doppelcodierung";WENN(K2=WAHR;"
VEGAN";WENN(L2=WAHR;"NICHT-VEGAN";0)))
```

Welcher Logik folgt diese Funktion? Pro Kommentar kann sich nur ein Kommunikator äußern, entweder jemand der „vegan" is(s)t (Zelle „K2") oder eben nicht (Zelle „L2"). Beide Akteure haben wir getrennt erfasst, das heißt grundsätzlich könnten beide Kontrollkästchen aktiviert werden und die Zellen somit den Ausgabewert „WAHR" anzeigen. Laut Codieranweisung soll dies jedoch vermieden werden, weshalb der Fehlerwert „Doppelcodierung" ausgegeben wird, sollten beide Kästchen angewählt worden sein. Ist wiederum keine Codierung vorgenommen worden, dann wird der Wert „0" ausgegeben. Die Auswahl des jeweiligen Kästchens bestimmt also den Wert (und die Beschriftung), der (bzw. die) ausgegeben wird.

Als nächstes begeben wir uns in die Zelle „N2", auch hier fügen wir eine verschachtelte *Wenn*-Funktion ein (diesmal mit einem *Oder*-Operator), die je

---

42 Die hier benannten „Label"-Kategorien dienen zur späteren Auszählung mithilfe sogenannter *Pivot*-Tabellen (vgl. Kapitel 8). Im Grunde bietet uns Excel dadurch die Möglichkeit, gleich die Beschriftung der Kategorien auszugeben. Ähnliches ist zum Beispiel auch in *SPSS* der Fall, wenn man die Variablen beschriftet.

nach Ausgabe den Themen*bereich* wiedergeben soll, zu dem das codierte Thema gehört. Insgesamt haben wir drei Themenbereiche festgelegt, zu denen jeweils zwei Themen zugeordnet sind. Außerdem haben wir die Kategorie „Sonstiges" aufgenommen, weshalb unsere Wenn-Funktion insgesamt vier unterschiedliche Textwerte zurückgegeben kann. Wir erinnern uns: In unserem Codesheet haben wir für das *Hauptthema* ein *Kombinationsfeld* genutzt, das die jeweilige Position des Items in der Liste ausgibt. Themenbereich „Körper" besteht aus den Items(1, 2), „Gewissen/Moral" aus den Items(3, 4) und „Umwelt" aus den Items(5, 6). Wird keine Auswahl getroffen, soll uns der Wert „0" ausgegeben werden. Die Eingabe für den *Themenbereich* lautet nun folgendermaßen:

```
=WENN(P2=7;"Sonstiges";(WENN(ODER(P2=1;P2=2);"Körper";WENN
(ODER(P2=3;P2=4);"Gewissen/Moral";WENN(ODER(P2=5;P2=6);"Umwelt";
"Fehler")))))
```

Diese Eingabe ist nun schon sehr komplex.[43] In Tab. 6.2 findet sich deshalb eine versprachlichte Aufschlüsselung der Eingabe, die deren Logik etwas verdeutlichen und damit zum Verständnis beitragen soll.

Tab. 6.2 Erklärung einer verschachtelten Wenn-Funktion

WENN	DANN	SONST
…in Zelle „P2" der Wert „7" steht…	…schreibe *Sonstiges*…	…überprüfe…
…ob in Zelle „P2" der Wert „1" ODER „2" steht…	…schreibe *Körper*…	…überprüfe…
…ob in Zelle „P2" der Wert „3" ODER „4" steht…	…schreibe *Gewissen/Moral*…	…überprüfe…
…ob in Zelle „P2" der Wert „5" ODER „6" steht…	…schreibe *Umwelt*…	…schreibe „0".

Im Anschluss fügen wir die *Sverweis*-Funktion für das *Thema-Label* ein. Damit wir diese Funktion nutzen können, fügen wir in unserem Blatt *LISTEN* ganz am Anfang noch eine Spalte ein, die wir „Position" nennen. Dieser Spalte („A") fügen wir nun fortlaufende Zahlen beginnend mit „1" hinzu (vgl. Abb. 6.18). Die Positionsnummer entspricht dann den jeweiligen Listenplätzen der Items. Dadurch lassen

---

43 Diese Eingabe lässt sich durch einen *Sverweis* deutlich verkürzen. Dazu würde man die Bereichskategorien so verdoppeln, dass sie jeweils neben dem zugehörigen Thema stehen. Anschließend ließe sich die nun im Text folgende Funktion einfügen (siehe „Thema-Label"), wobei der *Spaltenindex* nicht „7", sondern „6" betrüge, da der Verweis aus der sechsten Spalte erfolgen soll (Spalte „F"). Zum besseren Verständnis wurden jedoch die *Und*- bzw. *Oder*-Operatoren verwendet, um deren Funktionsprinzip aufzuzeigen.

6.2 Sektionen erstellen

sich die Kombinationsfelder zum Beispiel in Text umwandeln. Durch das Einfügen der Positionsspalte verändern sich gleichzeitig die Quellorte unserer Kategorien. Wir müssen unsere anderen Verknüpfungen jedoch nicht manuell anpassen, das hat Excel schon während des Einfügens für uns erledigt.

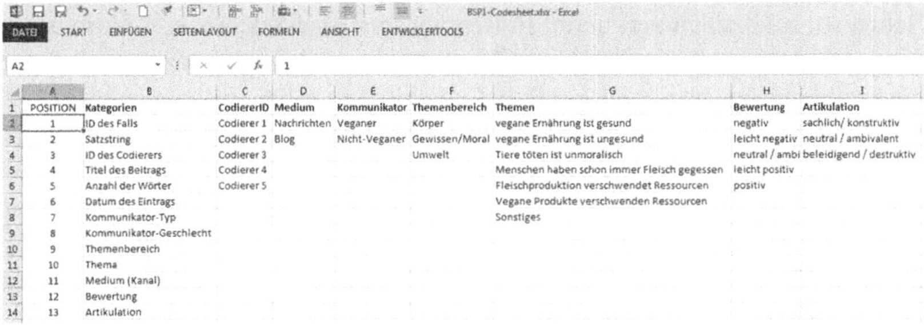

Abb. 6.18 Listenpositionen für die Funktion Sverweis

Anschließend gehen wir in das Arbeitsblatt *RECHNUNG* zurück und lassen uns die Item-Beschriftung durch die Funktion *Sverweis* zurückgeben. In Zelle „O2" geben wir dazu folgendes ein:

```
=SVERWEIS(P2;LISTEN!A1:I14;7;0)
```

Die Funktion sagt nun aus, dass ein genau bestimmter Wert, der sich in der siebten Spalte einer Datenmatrix befindet, zurückgegeben werden soll, sollte der Wert in Zelle „P2" mit dem Werte der ersten Spalte der Datenmatrix übereinstimmen. Die Zelle „P2" enthält unsere Werte der Kategorie „Thema", die wir im Codesheet durch ein *Kombinationsfeld* erheben. Das Kombinationsfeld gibt die Listenpositionen wieder und genau deshalb hatten wir in unserem Arbeitsblatt *LISTEN* die Spalte „Position" eingefügt, um genau jene Listenplätze abgleichen zu können. Sollte also das erste Thema codiert, das heißt in Zelle „P2" der Wert „1" ausgegeben werden, gleicht die obige Funktion ab, welcher Wert in Spalte „7" dem Wert „1" in der ersten Spalte zugeordnet ist; in unserem Fallbeispiel wäre dies „vegane Ernährung ist gesund". Um zu verstehen, was die Funktion genau macht, könnte man auch einen Blick in unser Listen-Arbeitsblatt werfen und die Werte manuell abgleichen, das heißt in der ersten Spalte den Wert suchen und dann innerhalb der Zeile nach rechts „wandern" und den entsprechenden „Gegenwert" suchen. Bei zehn Fällen mag dies noch praktikabel sein, bei 1000 möchte sich wohl kaum einer diese Arbeit machen, daher bietet sich die Funktion an.

6.3.3 Zellverknüpfungen testen

Haben wir alle Zellen verknüpft, führen wir anschließend einen Funktionstest durch. Wir wählen dazu jedes Feld an bzw. schreiben in jedes *Textfeld* etwas hinein, um zu überprüfen, ob wir *alles* auch *richtig* verknüpft haben (vgl. hierzu auch Tab. 6.3). Es wäre ärgerlich, am Ende feststellen zu müssen, dass zwar alles codiert ist, jedoch Fehler bei der Verknüpfung gemacht wurden. Ein Problem entsteht zum Beispiel dann, wenn wir unsere Steuerelemente erst *nach* der Verknüpfung kopieren und vergessen, den Ausgabebereich zu ändern. Falls etwa ein Kombinationsfeld dieselben Eingabewerte besitzt, kann es leicht passieren, dass man vergisst dessen Zellverknüpfung zu ändern. Auch bei Kontrollkästchen ist das der Fall. Fände das Kopieren erst nach der Verknüpfung statt, so würden immer beide Kästchen aktiviert werden, würde man auch nur eines von beiden anklicken. Dies ist einfach gelöst, indem man eben die entsprechende Zellverknüpfung anpasst. Sobald die Überprüfung abgeschlossen und alles an seinem richtigen Platz und verknüpft worden ist, können wir fast damit beginnen, Makros aufzunehmen. Es fehlt nur noch ein Schritt: Wir müssen die Ergebniszeile generieren.

Tab. 6.3 Übersicht der Zellverknüpfungen im Blatt RECHNUNG

Spalte	BESCHRIFTUNG (Zeile1)	EINGABE (Zeile2)
A	ID des Falls	=VERKETTEN(E2;"-";H2;"-";F2)
B	Satzstring	=CODESHEET!$E$1
C	> START Formalia >>	=C1
D	ID des Codierers	[Elementverknüpfung]
E	Medium	[Elementverknüpfung]
F	Titel des Beitrags	=CODESHEET!$U$4
G	Anzahl der Wörter	=CODESHEET!$AD$4
H	Datum des Eintrags	=CODESHEET!$AJ$4
I	> START Inhalt >>	=I1
J	Kommunikator-Label	=WENN(UND(K2=WAHR;L2=WAHR);"Doppelcodierung";WENN(K2=WAHR;"VEGAN";WENN(L2=WAHR;"NICHT-VEGAN";0)))
K	VEGAN	[Elementverknüpfung]
L	NICHT-VEGAN	[Elementverknüpfung]

M	Kommunikator-Geschlecht	[Elementverknüpfung]
N	Themenbereich	=WENN(P2=7;"Sonstiges";(WENN(ODER(P2=1;P2=2); "Körper";WENN(ODER(P2=3;P2=4);"Gewissen/ Moral";WENN(ODER(P2=5;P2=6);"Umwelt"; "Fehler")))))
O	Thema-Label	=SVERWEIS(P2;LISTEN!A1:I14;7;0)
P	Thema	[Elementverknüpfung]
Q	TXT-H-Sonstiges	=CODESHEET!$J$11
R	N-B01-V01	[Elementverknüpfung]
S	N-B01-V02	[Elementverknüpfung]
T	N-B02-V01	[Elementverknüpfung]
U	N-B02-V02	[Elementverknüpfung]
V	N-B03-V01	[Elementverknüpfung]
W	N-B03-V02	[Elementverknüpfung]
X	N-Sonstiges	[Elementverknüpfung]
Y	TXT-N-Sonstiges	=CODESHEET!$Y$16
Z	Bewertung	[Elementverknüpfung]
AA	Artikulation	[Elementverknüpfung]

6.4 Die Ergebniszeile generieren

Die *Ergebniszeile* enthält die Daten, die später in das Arbeitsblatt *ERGEBNISSE* kopiert werden. Zum einen können wir hier Zellinhalte einfach übertragen, zum anderen müssen wir noch Anpassungen vornehmen. Bei unseren *Kontrollkästchen* haben wir zum Beispiel die Ausgabe „WAHR/FALSCH", die wir durch eine *Wenn*-Funktion noch in „0/1" umwandeln müssen. An welcher Stelle wir die Ergebniszeile nun einfügen, ist im Grunde egal. Wir könnten sie direkt unter unsere Zellverknüpfungen integrieren, oder eine Zeile dazwischen frei lassen, um eine bessere Übersicht zu erhalten. Für unser Beispiel wählen wir die letztere Variante und nutzen somit Zeile „4". Bei der Erstellung der Ergebniszeile müssen wir uns fragen, welche Werte wir aus den Ausgabezellen übernehmen können und welche wir noch umwandeln müssen, damit wir die Werte später auch für die Auswertung nutzen können.

Alle Inhalte der *Textfelder* lassen sich zum Beispiel durch die Verwendung der Gleichheitszeichen übernehmen, wir erstellen folglich einfache Zellverknüpfungen. Auch die Werte unserer Bewertungs- und Artikulationskategorien können wir mithilfe einer einfachen Zellverknüpfung übernehmen, da wir später das numerische

Relativ für unsere Auswertung nutzen möchten. Umwandeln müssen wir jedoch die *Kontrollkästchen*, dazu nutzen wir die *Wenn*-Funktion. Wir können uns hier viel Arbeit sparen, da wir die Funktion nur einmal erstellen müssen und dann in jede Zelle *kopieren* können, die ebenfalls eine solche Funktion enthalten soll. Die erste Wenn-Funktion geben wir in Zelle „K4" ein, unserem *Kommunikator-Typ* mit der Ausprägung „VEGAN":

```
=WENN(K2=WAHR;1;0)
```

Nachdem wir die Funktion eingegeben und die Eingabetaste betätigt haben, befinden wir uns in Zelle „K5". Wir gehen nun zurück in Zelle „K4" und kopieren unsere Eingabe durch Drücken der Tastenkombination [STRG]+[C]. Anschließend halten wir die [STRG]-Taste gedrückt und markieren jede Zelle, die unsere Funktion erhalten soll (hier die Bereiche „L4:M4" und „R4:X4") und fügen sie entsprechend mit [STRG]+[V] ein.

Wir haben nun alle Eingaben der Kategorien mit ihren jeweiligen Ausgabezellen verknüpft und die Ergebniszeile erstellt. Diese soll nun in unseren Datensatz übertragen werden. Unser Datensatz wird im Arbeitsblatt *ERGEBNISSE* erstellt, indem wir die Ergebniszeile dort hinein speichern. Wir wollen dies mithilfe von Makros automatisieren, letztlich soll also ein Klick genügen, um die Ergebnisse zu übertragen. Wie wir diesen Schritt vollziehen und wie wir die notwendigen Makros erstellen, wird im folgenden Abschnitt aufgezeigt.

6.5 Makros aufnehmen

In Kapitel 4 wurde erklärt, was sogenannte Makros sind und gezeigt, wie man diese aufnehmen und editieren kann. Wir wollen mit deren Hilfe nun *Prozesse* automatisieren, die bei der Kodierung immer wieder auftauchen. Welche sind das? Stellen wir uns dazu den typischen Ablauf einmal vor: Wir haben unser Untersuchungsmaterial und analysieren dieses anhand unseres Kategoriensystems. Wir generieren dazu *Fälle*, die voneinander getrennt in unseren Datensatz aufgenommen werden. Nehmen wir exemplarisch an, unser Sample bestünde aus insgesamt 50 Kommentaren, dann könnten maximal 50 Fälle generiert werden und in unseren Datensatz gelangen, weil wir in unserem Beispiel den Kommentar als Untersuchungseinheit gewählt hatten. Stellen wir uns nun vor, das wir die Kodierung per *paper & pencil* vollziehen, also für jeden einzelnen Fall auch ein neues Blatt anlegen. Dieses Blatt „übertragen" wir dann in ein digitales Format und generieren damit einen Datensatz, den wir später statistisch auswerten können. Genauso gehen wir auch in Excel vor, nur dass wir auf Papier verzichten und alles digital bearbeiten. Die Dateneingabe findet in unserem *CODESHEET* statt. Im Blatt *RECHNUNG* werden diese Eingaben automatisch so umgewandelt, dass wir später mit ihnen arbeiten können – dazu hatten wir die Zellverknüpfungen erstellt und Funktionen geschrieben. Damit nun jede Ergebniszeile auch in den Datensatz gelangt, müssen wir sie dahin kopieren. Diesen Schritt wollen wir nun automatisieren, denn Excel soll diese Arbeitsschritte für uns wiederholen. Außerdem soll uns Excel dabei auch ein neues Codesheet bereitstellen, das heißt unsere Eingaben löschen, sodass wir gleich mit einer neuen Codierung beginnen können. Erstellen wir also zunächst das Makro für den Speichervorgang.

6.5.1 Makro 1: Codierung speichern

Unsere Codierungen wollen wir natürlich speichern und in einen Datensatz überführen. Damit wir die Daten übernehmen können, müssen wir unsere Spaltenbeschriftungen, das heißt die Einträge in der ersten Zeile unseres Tabellenblattes *RECHNUNG* in das Blatt *ERGEBNISSE* kopieren. Wir gehen dazu in Spalte „A1" des Blattes *RECHNUNG* und drücken die Tastenkombination [STRG]+[UMSCHALT]+[→], damit gelangen wir genau bis an das Ende unserer Beschriftungen (also zur letzten Zelle, die in dieser Zeile noch über einen Inhalt verfügt). Als nächstes kopieren wir die Zellen und gehen in Zelle „A1" des Blattes *ERGEBNISSE*, wo wir die Kopie mithilfe der Option *Werte einfügen* einsetzen (vgl. Abb. 6.19).[44]

---

44 Diese Option ist insofern wichtig, als dass mit ihr alle Funktionen und Verknüpfungen gelöscht werden und uns danach im Datensatz die „puren" Werte zur Verfügung stehen, die sich dann zum Beispiel auch in *SPSS* problemlos integrieren lassen. Die Option findet sich im Hauptregister *Start*, wenn man bei der Schaltfläche *Einfügen* den nach unten zeigenden Pfeil betätigt und dort unter *Werte einfügen* das erste Symbol auswählt.

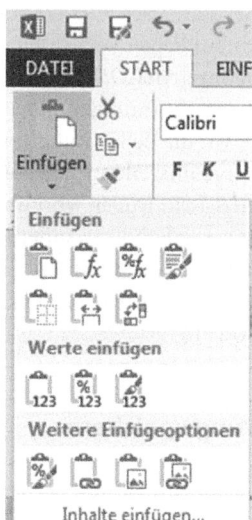

Abb. 6.19
Option Werte einfügen

Als nächstes überlegen wir uns, welche Schritte bei der folgenden Makro-Aufnahme zu vollziehen sind. In unserem Datensatz wollen wir einen neuen Fall speichern, das heißt wir müssen ihn „anlegen" (bzw. generieren). Wir fügen dazu eine neue Zeile im Arbeitsblatt ERGEBNISSE ein. Anschließend wollen wir die Werte der Ergebniszeile, die sich im Blatt RECHNUNG befindet, in die neue Zeile (des Blattes ERGEBNISSE) kopieren und zwar ohne Formatierungen, Funktionen und Verknüpfungen. Unser Ablaufplan sieht daher folgendermaßen aus:

1. Wir gehen in ein beliebiges Arbeitsblatt, nur nicht „Ergebnisse" und aktivieren die Makro-Aufnahme
2. Arbeitsblatt „Ergebnisse" aufrufen
3. Zeile „2" mit einem Rechtsklick an- und „Zelle einfügen" auswählen
4. Arbeitsblatt „Rechnung" aufrufen
5. Ergebniszeile mittels [STRG]+[UMSCHALT]+[→] anwählen (entspricht Bereich „A4:AA4")
6. Ergebniszeile durch [STRG]+[C] kopieren
7. Arbeitsblatt „Ergebnisse" aufrufen
8. Zelle „A2" anwählen
9. Ergebniszeile mit „Werte einfügen" einfügen
10. Makro-Aufnahme stoppen

6.5 Makros aufnehmen

Nun vollziehen wir diese Schritte und erstellen somit unser Makro. Dieses kann nun anschließend editiert werden, da es noch unnötige Codezeilen enthält. Vorher wollen wir jedoch unsere Arbeitsmappe speichern (*Speichern unter...*, oder [F12]). Hierbei müssen wir darauf achten, die Datei-Endung „xlsm" zu wählen, da wir jetzt Makros nutzen und diese sonst nicht funktionieren würden (vgl. Abschnitt 4.2.3). Den Visual Basic-Editor öffnen wir im Anschluss mithilfe der Tastenkombination [ALT]+[F11]. Im *Projektexplorer* klicken wir nun doppelt auf das *Modul* „Modul 1", wodurch wir Einsicht in den Programmcode unseres Makros erhalten (vgl. Tab. 6.4).

Tab. 6.4 Codesheet: Programmcode zum Speichern der Ergebniszeile

	Makro1: Speichern der Ergebniszeile
1	Sub Makro1()
2	'
3	' Makro1
4	'
5	
6	'
7	Sheets("ERGEBNISSE").Select
8	Rows("2:2").Select
9	Selection.Insert Shift:=xlDown, CopyOrigin:=xlFormatFromLeftOrAbove
10	Sheets("RECHNUNG").Select
11	Range("A4").Select
12	Range(Selection, Selection.End(xlToRight)).Select
13	Selection.Copy
14	Sheets("ERGEBNISSE").Select
15	Range("A2").Select
16	Selection.PasteSpecial Paste:=xlPasteValues, Operation:=xlNone, SkipBlanks _ :=False, Transpose:=False
17	End Sub

Wir wollen unser Makro nun editieren. Der Code ist bisher recht unübersichtlich und zudem kann er verkürzt werden. Als erstes ändern wir den Namen des Makros, indem wir „Makro1" in „CodierungSpeichern" umschreiben (Zeile 1). Des Weiteren löschen wir unnötige Kommentarzeilen (Zeilen 2, 4-6) und vergeben einen aussagekräftigeren Kommentar in Zeile 3. Außerdem können wir Abläufe zusammenfassen, da unter anderem die Befehle *Select* und *Selection.Insert* „kombiniert" werden können (wie auch *Select* und *Selection.Copy*). In Zeile 9 des Programmcodes sehen wir die Eingabe *CopyOrigin*, sie definiert, woher die neu eingefügte Zeile ihre Formatvorlage erhalten soll. Bisher erhält sie diese von der linken Spalte oder von der darüber liegenden Zeile. Da wir unformatierte Datenzeilen erhalten wollen und die unteren Zeilen unformatiert sind, ändern wir deshalb die Eigenschaften „LeftOrAbove" in „RightOrBelow".[45] In Zeile 11-13 unseres ursprünglichen Codes befindet sich der Kopiervorgang unserer Ergebniszeile, der auch verkürzt werden kann. Wir fassen Zeile 11-12 zusammen, indem wir den exakten Quellbereich unserer Ergebniszeile angeben, in dem Fall *Range(„A4:AA4")*. Ebenso „überflüssig" ist Codezeile 13, da wir den *.Copy*-Befehl direkt an unseren Bereich in Codezeile 11 schreiben können. Das editierte Makro[46] wurde somit um einige Codezeilen reduziert und wirkt daher wesentlich aufgeräumter (vgl. Tab. 6.5).

Tab. 6.5 Codesheet: Editierter Programmcode des Speichervorgangs

	Makro1: Speichern der Ergebniszeile (editiert)
1	Sub CodierungSpeichern()
2	'Makro zum Speichern der Ergebniszeile
3	Sheets("ERGEBNISSE").Select
4	Rows("2:2").Insert Shift:=xlDown, CopyOrigin:=xlFormatFromRightOrBelow
5	Sheets("RECHNUNG").Select
6	Range("A4:AA4").Copy
7	Sheets("ERGEBNISSE").Select
8	Range("A2").PasteSpecial Paste:=xlPasteValues
9	End Sub

Das Makro sagt nun: *Excel, wähle das Blatt „ERGEBNISSE" und füge dort in Zeile 2 eine neue Zeile ein, indem du die alte Zeile nach unten verschiebst und das Format der unteren Zeile als Vorlage für die neue Zeile nutzt. Anschließend wählst du das Blatt „RECHNUNG" an und kopierst dort den Bereich „A4:AA4". Diesen fügst du zum Schluss in das Blatt „ERGEBNISSE", ab der Zelle „A2", als Werte ein.* Damit haben wir das erste Makro erstellt, das wir für unser Codesheet benötigen. Als nächstes wollen wir, dass Excel unsere Codierung löscht, da wir den Fall gespeichert haben und nun einen neuen anlegen wollen.

---

45 Bei einer möglichen Design-Anpassung der obersten Zeile („Kopfzeile") vermeiden wir somit, dass die Formatierung der Spaltenköpfe in den Datenzeilen übernommen wird.

46 Das *Makro* ließe sich noch weiter verkürzen, indem man die Methode *Select* löscht und durch die darunter liegende Zeile „ersetzt". So würde dann aus Codezeile 5-6 die Codezeile *Sheets(„RECHNUNG").Range(„A4:AA4").Copy* entstehen. Aus Gründen der besseren Lesbarkeit und des Verständnisses wird hier jedoch zunächst darauf verzichtet.

6.5.2 Makro 2: Neues Codesheet / Eingabe löschen

Die Eingaben des Codesheets zu löschen ist etwas komplizierter, als sie zu speichern, denn wir müssen hier zwei Dinge beachten: Die Eingaben der *Textfelder* („Satzstring", „Sonstiges", „Titel" etc.) werden direkt im Tabellenblatt CODESHEET gelöscht, die Eingaben der *Steuerelemente* (Kontrollkästchen, Kombinationsfelder, etc.) jedoch im Blatt *RECHNUNG*. Es kann also hilfreich sein, diese Automatisierung zu trennen und entweder zwei Schaltflächen anzulegen, oder die Aufnahmen später zusammenzufassen. Wir trennen hier zunächst die Aufnahmen, fügen den Code jedoch später zusammen, wobei wir mit den Textfeldern beginnen werden. Legen wir also zunächst hierzu den Ablaufplan fest:

1. Wir gehen in ein beliebiges Arbeitsblatt, nur nicht „Codesheet" und aktivieren die Makro-Aufnahme
2. Arbeitsblatt „Codesheet" aufrufen
3. Textfeld-Zellen mit gedrückter [STRG]-Taste markieren
4. Zellinhalt mittels [ENTF]/[DEL]-Taste löschen
5. Textfelder bei gedrückter [STRG]-Taste anwählen
6. Makro-Aufnahme stoppen

Das aufgenommene Makro hat nun erneut Programmcode produziert (vgl. Tab. 6.6).

Tab. 6.6 Codesheet: Programmcode Textfelder löschen

	Makro2: Löschen der Textfelder
1	Sub Makro2()
2	'
3	' Makro2
4	'
5	
6	'
7	Sheets("CODESHEET").Select
8	Range("E1:AL1,U4:Y4,AD4:AF4,AJ4:AL4,J11:R11,Y16:AG16").Select
9	Range("Y16").Activate
10	Selection.ClearContents
11	Range("E1:AL1").Select
12	End Sub

Auch hier können wir wieder einen besseren Namen vergeben und Codezeilen reduzieren (vgl. Tab. 6.7).

Tab. 6.7 Codesheet: Editierter Programmcode Textfelder löschen

Makro2: Löschen der Textfelder (editiert)
1 Sub DeleteTextfelder()
2 'Textfelder löschen
3 Sheets("CODESHEET").Select
4 Range("E1:AL1,U4:Y4,AD4:AF4,AJ4:AL4,J11:R11,Y16:AG16").ClearContents
5 Range("E1:AL1").Select
6 End Sub

Im Anschluss wiederholen wir die Prozedur und nehmen ein Makro auf, um die Zellverknüpfungen der *Steuerelemente* im Arbeitsblatt *RECHNUNGEN* zu löschen. Unser Ablaufplan sieht demnach so aus:

1. Wir gehen in ein beliebiges Arbeitsblatt, nur nicht „Rechnungen" und aktivieren die Makro-Aufnahme
2. Arbeitsblatt „Rechnung" aufrufen
3. Zellverknüpfungen mit gedrückter [STRG]-Taste markieren
4. Zellinhalt mittels [ENTF]/[DEL]-Taste löschen
5. Arbeitsblatt „Codesheet" aufrufen
6. Makro-Aufnahme stoppen

Tab. 6.8 Codesheet: Programmcode Steuerelemente löschen

Makro3: Löschen der Steuerelemente
1 Sub Makro3()
2 '
3 ' Makro3 Makro
4 '
5
6 '
7 Sheets("RECHNUNG").Select
8 Range("D2,E2,K2,L2,M2").Select
9 Range("M2").Activate
10 ActiveWindow.SmallScroll ToRight:=9
11 Range("D2,E2,K2,L2,M2,P2,R2,R2:X2,Z2:AA2").Select
12 Range("Z2").Activate
13 Selection.ClearContents
14 Sheets("CODESHEET").Activate
15 End Sub

Auch hier lässt sich der Code abermals verkürzen (vgl. Tab. 6.9).

Tab. 6.9 Codesheet: Programmcode Steuerelemente löschen (editiert)

Makro3: Löschen der Steuerelemente (editiert)
1 Sub DelFormular()
2 'Formularelemente löschen
3 Sheets("RECHNUNG").Select
4 Range("D2,E2,K2,L2,M2,P2,R2,R2:X2,Z2:AA2").Select
5 Selection.ClearContents
6 Sheets("CODESHEET").Activate
7 End Sub

Jetzt haben wir alle Makros aufgenommen, die wir benötigen: Inhalte speichern und Inhalte löschen. Nun könnten wir drei Schaltflächen erstellen und jede mit dem jeweiligen Makro verbinden (vgl. Abschnitt 4.2.4). Die Makros ließen sich jedoch auch zusammenführen, indem man zum Beispiel eine neue Sub-Prozedur schreibt und den Code hineinkopiert.[47] Es kann jedoch sinnvoll sein, den Speichervorgang vom Löschvorgang zu trennen, falls man nach dem Speichern merkt, dass etwas falsch codiert wurde. Letztlich sollte dies jedoch vor dem Speichern geschehen! Wie der Code exemplarisch aussehe, würden wir unsere drei einzelnen Makros zusammenführen, wird in Tab. 6.10 gezeigt.

---

47 Mit der Methode *Call* ließen sich die jeweiligen Subprozeduren auch einfach aufrufen, ohne den Code erneut einzufügen und die Prozeduren damit „aufzublähen", nämlich durch *call NameDesMakros*.

Tab. 6.10 Codesheet: Programmcode zum Speichern und Löschen der Eingaben

	Makro: Eingaben speichern und Löschen
1	Sub SaveAndDel()
2	'Makro zum Speichern der Ergebniszeile
3	Sheets("ERGEBNISSE").Rows("2:2").Insert Shift:=xlDown, CopyOrigin:= xlFormatFromRightOrBelow
4	Sheets("RECHNUNG").Range("A4:AA4").Copy
5	Sheets("ERGEBNISSE").Range("A2").PasteSpecial Paste:=xlPasteValues
6	'Inhalte löschen
7	Sheets("RECHNUNG").Range("D2,E2,K2,L2,M2,P2,R2,R2:X2,Z2:AA2").ClearContents
8	Sheets("CODESHEET").Range("E1:AL1,U4:Y4,AD4:AF4,AJ4:AL4,J11:R11,Y16:AG16").ClearContents
9	Range("E1:AL1").Select
10	End Sub

Das Makro nutzen wir nun für unsere *Schaltfläche* „Speichern" (Save & Delete). Diese fügen wir in das *CODESHEET* ein und zwar in die erste Zeile, neben den *Satzstring*. Das Einfügen in die erste Zeile ist sinnvoll, weil wir durch die Fixierung der oberen Zeile einen Bildlauf verhindert haben und die Schaltfläche dadurch immer sichtbar bleibt. (Man könnte die Schaltfläche natürlich auch an das Ende platzieren.)

6.6 Design anpassen

Wir haben unser Codesheet nun erfolgreich erstellt, unsere Daten verknüpft und Makros aufgenommen. Grundsätzlich könnten wir also mit unserer Codierarbeit beginnen. Oftmals ist es jedoch sinnvoll, das Design des Codesheets anzupassen und die einzelnen Sektionen zum Beispiel farblich zu untergliedern, oder sie durch Rahmungen voneinander zu trennen. Damit erreicht man eine bessere Übersicht, wodurch möglicherweise auch Fehler während der Codierung vermieden werden können. Wie das Design letzten Endes gestaltet wird, obliegt jedem selbst, da die Geschmäcker bekanntlich verschieden sind. Grundsätzlich bietet es sich jedoch an, die *Gitternetzlinien* und *Überschriften* im Hauptregister *Seitenlayout* auszublenden, da so ein „echtes" Blatt noch besser nachempfunden werden kann (vgl. Abb. 6.20).

Ein wichtiger Hinweis sei hierzu erwähnt: Die Zellangaben innerhalb eines Makros sind in unserem Fall absolut, das heißt sie verändern sich nicht, sollte man in Excel etwas anpassen. Im Grunde sollte also die Designanpassung *vor* der

6.6 Design anpassen

Makroaufnahme geschehen. Wenn weitere Zeilen und Spalten zur Formatierung eingefügt werden, dann müssen die Makros entsprechend angepasst werden!

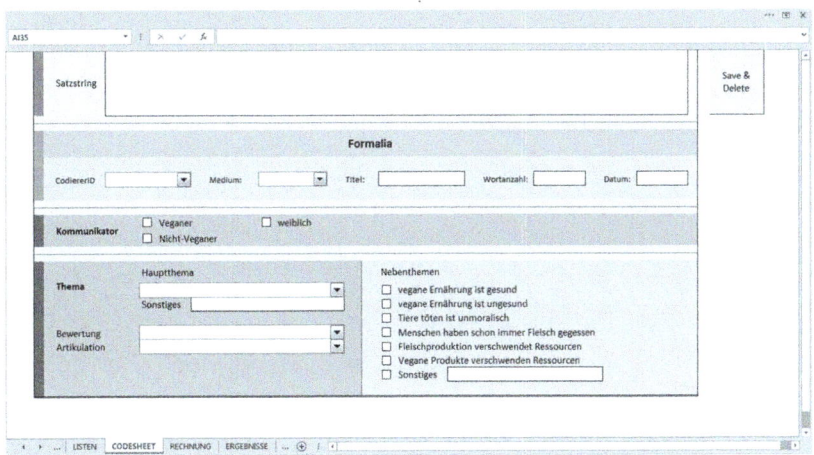

Abb. 6.20 Finales Codesheet

Befragungen mit Excel: Konstruktion eines Fragebogens

7

In diesem Kapitel werden wir mithilfe von Excel einen Fragebogen konstruieren. Die Beispielfragen sind zum einen aus der *Allgemeinen Bevölkerungsumfrage der Sozialwissenschaften* (ALLBUS 2014)[48] entnommen, zum anderen frei erfunden, um Funktionsweisen zu demonstrieren (vgl. Tab. 7.1). Bei der Konstruktion werden wir darauf achten, so „nah" wie möglich an typischen Fragebögen zu bleiben. Wir werden uns außerdem die Möglichkeiten (und Vorteile) einer Online-Befragung zu Nutze zu machen – was bedeutet das? Die TeilnehmerInnen unserer Studie haben eventuell schon einmal einen Fragebogen ausgefüllt und kennen daher die wesentlichen Elemente. Zudem hat man bei Online-Befragungen die Möglichkeit, den Befragungsfortschritt angeben zu können, damit die teilnehmende Person ungefähr einschätzen kann, wie lange es noch dauert. Online lässt sich außerdem pro Frage jeweils eine Seite nutzen, dadurch konzentriert sich der/die Befragte auf das Wesentliche, dies werden wir ebenfalls einbauen. Wie gehen wir vor?

Ein aktueller Design-Trend bei Webseiten im Internet sind die sogenannten „Onepager", das heißt Internetpräsenzen, die im Grunde nur aus einer langen Homepage bestehen. Dieses Prinzip werden wir nutzen und für die einzelnen Frageblöcke anwenden. Der Fragebogen wird in Excel in einem Tabellenblatt entstehen, das letztlich ziemlich weit „nach unten" reicht, das heißt wir werden zwischen den

---

48 Mithilfe der ALLBUS „werden aktuelle Daten über Einstellungen, Verhaltensweisen und Sozialstruktur der Bevölkerung in der Bundesrepublik Deutschland erhoben. Seit 1980 wird alle zwei Jahre ein repräsentativer Querschnitt der Bevölkerung mit einem teils konstanten, teils variablen Fragenprogramm befragt. Die Daten stehen unmittelbar nach ihrer benutzergerechten Aufbereitung und Dokumentation allen Interessenten für Forschung und Lehre zur Verfügung." (http://www.gesis.org/allbus/) Der gesamte Fragebogen findet sich auf: http://www.gesis.org/allbus/recherche/fragebogen/ [letzter Zugriff: 23.07.15]. Die Angabe in den eckigen Klammern gibt die jeweilige Nummer der ALLBUS-Frage wieder. Außerdem wurden zur Vereinfachung einige Antwortmöglichkeiten ausgelassen (zum Beispiel „weiß nicht").

einzelnen Fragen etwas Platz lassen und später mithilfe von Schaltflächen vor und zurück navigieren.[49] In den nächsten zwei Abschnitten beginnen wir zunächst damit, diverse *Vorbereitungen* zu treffen, das heißt die Fragen und Antworten anlegen, das Layout anpassen und die Sektionen vorbereiten. Danach werden wir die *Sektionen* mit ihren *Steuerelementen* einfügen und letztere jeweils mit den dazugehörigen *Zellen verknüpfen*. Im Anschluss daran, werden wir die *Ergebniszeile* generieren, um unsere Daten mithilfe von *Makros* in unseren Datensatz zu überführen.

Tab. 7.1 Übersicht der Fragen und Antwortmöglichkeiten

Nr.	Frage	Ausprägung / Antwortmöglichkeit
1	Wie beurteilen Sie ganz allgemein die heutige wirtschaftliche Lage in Deutschland? [F001]	Sehr gut Gut Teils gut / teils schlecht Schlecht Sehr schlecht ------------ keine Angabe
2	Und Ihre wirtschaftliche Lage heute? [F002]	Sehr gut Gut Teils gut / teils schlecht Schlecht, Sehr schlecht ------------ keine Angabe
3	Es wird heute viel über die verschiedenen Bevölkerungsschichten gesprochen. Welcher Schicht rechnen Sie sich selbst eher zu? [F054]	Der Unterschicht Der Arbeiterschicht Der Mittelschicht Der oberen Mittelschicht Der Oberschicht ------------ keine Angabe

---

49 Eine weitere Möglichkeit bestünde darin, die Zwischenzeilen bzw. Leerzeichen später so zu vergrößern, dass die nächste Frage nicht sichtbar ist. Das Funktionsprinzip der Navigation bliebe jedoch gleich. Geändert werden müsste dann lediglich der entsprechende Zahlenwert, der angibt, um wie viele Zeilen navigiert werden soll.

7 Befragungen mit Excel: Konstruktion eines Fragebogens

Nr.	Frage	Ausprägung / Antwortmöglichkeit
4	Nun weiter mit der Erwerbstätigkeit und Ihrem Beruf. Was von dieser Liste trifft auf Sie zu? Nur eine Nennung möglich! [F026]	Hauptberufliche Erwerbstätigkeit, ganztags Hauptberufliche Erwerbstätigkeit, halbtags Nebenher erwerbstätig ------------- {Filter: wenn n. erwerbstätig oder KA dann F5 überspringen} Nicht erwerbstätig keine Angabe
5	Ist Ihr Arbeitsvertrag, Ihr Arbeitsverhältnis befristet oder unbefristet? [F031]	befristet unbefristet ------------- keine Angabe
6	Nachfolgend finden Sie einige Meinungen über Staat und Wirtschaft in Deutschland. Sagen Geben Sie bitte zu jeder Meinung an, ob Sie... [F056; Auswahl] A: In unserer Gesellschaft muss jeder für sich schauen, dass er auf einen grünen Zweig kommt. Es hilft nicht viel, sich mit anderen zusammenzuschließen, um politisch oder gewerkschaftlich für seine Sache zu kämpfen. B: Die Wirtschaft funktioniert nur, wenn die Unternehmer gute Gewinne machen. Und das kommt letzten Endes allen zugute. C: Der Staat muss dafür sorgen, dass jeder Arbeit hat und die Preise stabil bleiben, auch wenn deswegen die Freiheiten der Unternehmer eingeschränkt werden müssen. G: Die wirtschaftlichen Gewinne werden heute in Deutschland im Großen und Ganzen gerecht verteilt.	Voll zustimmen Eher zustimmen Eher nicht zustimmen Überhaupt nicht zustimmen
7	Im Vergleich dazu, wie andere hier in Deutschland leben: Glauben Sie, dass Sie ihren gerechten Anteil erhalten? [F055, abgewandelt]	mehr als meinen gerechten Anteil sehr viel weniger

Nr.	Frage	Ausprägung / Antwortmöglichkeit
8	Wie kommt man in unserer Gesellschaft am ehesten nach oben? [F058; Auswahl] A: Opportunismus, Rücksichtslosigkeit B: Bildung, Ausbildung D: Zufall, Glück E: Intelligenz, Begabung G: Leistung, Fleiß H: Geld, Vermögen L: Bestechung, Korruption	Sehr wichtig Wichtig Neutral Weniger wichtig Unwichtig ------------ keine Angabe
9	Und jetzt noch eine allgemeine Frage. Wie zufrieden sind Sie gegenwärtig – alles in allem – mit ihrem Leben? [F169]	Ganz und gar zufrieden (10) ... Ganz und gar unzufrieden (1)
10	Persönlichkeitsmerkmale (nicht im Allbus): Wie würden Sie sich als Mensch – ganz allgemein – einschätzen?	Gruppenmensch vs. Einzelgänger Laut vs. leise Extrovertiert vs. introvertiert Konservativ vs. offen für Neues
11	Sozio-ökonomische Daten (Auswahl)	Alter Geschlecht (männlich, weiblich, sonstiges) Nettoeinkommen

7.1 Vorbereitung: Anlegen von Fragen und Antworten

Zunächst öffnen wir das Programm Excel und erstellen vier Tabellenblätter, in folgender Reihenfolge: *LISTEN, FRAGEBOGEN, RECHNUNG, ERGEBNISSE*.[50] Diese Tabellenblätter haben wiederum verschiedene Funktionen, die wir im weiteren Verlauf benötigen (vgl. Abschnitt 5.2). Wir werden uns oft zwischen diesen Blättern hin und her bewegen, zum Beispiel wenn wir die einzelnen Steuerelemente, die sich im Arbeitsblatt *FRAGEBOGEN* befinden, mit den Ausgabezellen, die sich im Blatt *RECHNUNG* befinden, verknüpfen. Für das bessere Verständnis der jeweiligen Arbeitsschritte, sei es nochmals empfohlen, diese parallel mit zu vollziehen, also direkt in Excel und wie angegeben umzusetzen.

---

50 Es ist darauf zu achten, dass zum Beispiel *LISTEN* und *Listen* nicht identisch sind, das heißt Excel hier Groß- und Kleinschreibung beachtet, die sogenannte „case-sensitivity". Mit den Zeichen „A" und „B" ließen sich also vier mögliche Bezeichnungs-Varianten erzeugen (ab, AB, Ab und aB).

7.1.1 Fragen integrieren

Zunächst überlegen wir uns, wie wir die einzelnen Fragen in unseren Fragebogen integrieren wollen.[51] Wir müssen beachten: Für jedes *Steuerelement* oder *Textfeld*, dass wir später anlegen, muss auch eine *Ausgabezelle* zur Verknüpfung vorhanden sein. Deshalb sollte man sich vorher fragen, ob es sich bei der Konstruktion des Fragebogens lohnt, einen Mehraufwand in Kauf zu nehmen, um den TeilnehmerInnen die Beantwortung zu erleichtern; oder ob die Zeit drängt und man bei den TeilnehmerInnen eine größere Antwort- bzw. Medienkompetenz voraussetzen kann.[52] Nehmen wir ein Beispiel zur Verdeutlichung: Unsere *Frage 8* besteht aus sieben Items mit jeweils sechs Antwortmöglichkeiten. Sollten wir den nutzerfreundlichen Ansatz wählen, dann müssten wir 7x6 *Kontrollkästchen* einfügen und entsprechend 42 Ausgabezellen anlegen, weil der typische Fragebogen hier Möglichkeiten bieten würde, die einzelnen Antworten anzukreuzen. Jedes dieser 42 Kästchen muss einzeln (!) mit den Ausgabezellen verknüpft werden. Der Vorteil bestünde jedoch darin, dass die NutzerInnen von Anfang an sehen, wie sie die Fragen beantworten können und was zur Auswahl steht. Wählt man jedoch die *Kombinationsfelder*, würde sich die Anzahl der Steuerelemente (und der Ausgabezellen) auf 7 reduzieren, was wiederum erheblich weniger Aufwand bedeutet. Eine weitere Lösung wäre es, *Listenfelder* zu wählen, deren Größe so gewählt wird, dass alle Antwortmöglichkeiten sichtbar sind. Hier entstehen jedoch schnell Platzprobleme.

Welche *Steuerelemente* wir nun exemplarisch für unsere Konstruktion wählen, ist nachfolgend verzeichnet:

- Kombinationsfeld: Fragen 1, 2, 3 und 8
- Kontrollkästchen: Fragen 4, 5, 6 und 11 (Geschlecht)
- Bildlaufleiste: Fragen 7, 9 und 10
- Textfeld: Frage 11 (Alter, Nettoeinkommen)

---

51 Auch hier gilt wiederum, dass die einzelnen Fragen auch anders umgesetzt, das heißt andere Steuerelemente für einzelne Fragen genutzt werden können.
52 Ich plädiere dafür, die Vorteile der rechnergestützten Erhebung auszuschöpfen und daher einen Zeit-ökonomischen Ansatz zu wählen. Wir werden – zumindest für die Frage 6 – jedoch aus Gründen der Demonstration, einen nutzerfreundlichen Ansatz verfolgen.

7.1.2 Tabellenköpfe erstellen und Antwortmöglichkeiten einpflegen

	A	B	C	D	E	F	G	H	I	J	K
1	F01	F02	F03	F04	F05	F06	F07	F08	F09	F10	F11
2	Sehr gut	Sehr gut	Der Unterschicht	Hauptberuflic he Erwerbstätigk eit, ganztags	befristet	Voll zustimmen	mehr als meinen gerechten Anteil	Sehr wichtig	Ganz und gar zufrieden	Gruppenmen sch vs. Einzelgänger	männlich
3	Gut	Gut	Der Arbeiterschic ht	Hauptberuflic he Erwerbstätigk eit, halbtags	unbefristet	Eher zustimmen	sehr viel weniger	Wichtig	Ganz und gar unzufrieden	Laut vs. leise	weiblich
4	Teils gut / teils schlecht	Teils gut / teils schlecht	Der Mittelschicht	Nebenher erwerbstätig	keine Angabe	Eher nicht zustimmen		neutral		Extrovertiert vs. introvertiert	sonstiges
5	Schlecht,	Schlecht,	Der oberen Mittelschicht	Nicht erwerbstätig		Überhaupt nicht zustimmen		Weniger wichtig		konservativ vs. offen für Neues	
6	Sehr schlecht	Sehr schlecht	Der Oberschicht					Unwichtig			
7											
8	keine Angabe	keine Angabe	keine Angabe	keine Angabe		keine Angabe	keine Angabe				
9											

Abb. 7.1 Tabellenköpfe und Inhalte im Blatt LISTEN

Jetzt beginnen wir damit, unsere Fragen und Antwortmöglichkeiten in das Blatt *LISTEN* zu übertragen (vgl. Abb. 7.1). Das machen wir, damit wir diese Werte später als Beschriftungen verwenden können. Sie lassen sich dadurch auch einfacher anpassen. Die einzelnen Fragen erhalten dabei jeweils eine Spalte, die jeweiligen Antworten dementsprechend jeweils eine einzelne Zelle unter der dazugehörigen Spalte. Um die Antwortmöglichkeiten einzupflegen, gehen wir zunächst in das Arbeitsblatt *LISTEN* und klicken dort auf die Zelle „A1". Hier beginnend werden wir die „Tabellenköpfe" erstellen, indem wir als erstes das Kürzel „F01" (für Frage 1) in die Zelle eingeben. Anschließend kopieren wir den Inhalt in die nachfolgenden Spalten, indem wir auf die rechte, untere Ecke der Zellmarkierung klicken (grünes Quadrat am grünen Rand) und sie bis Spalte „K" erweitern bzw. nach rechts ziehen. Die Zellen werden dadurch automatisch und fortlaufend mit „F02", „F03" usw. gefüllt. Anschließend tragen wir die jeweiligen Antwortmöglichkeiten unter der dazugehörigen Frage ein.

Bei der Eingabe der einzelnen Antworten stellen wir fest, dass sich deren Ausprägungen teilweise wiederholen, zum Beispiel findet sich „keine Angabe" bei einigen Fragen wieder. Damit dieser Wert später auch immer gleich bleibt, werden wir die Angabe jeweils in dieselbe Zeile kopieren – warum das? Bei den Fragen 1, 2, 3 und 8 setzen wir *Kombinationsfelder* ein, die nicht Text ausgeben, sondern die jeweilige Listenposition. Wählen wir das Item auf Position 1, so wird „1" ausgegeben. Zumindest für unsere Fragen, die wir mit einem Kombinationsfeld umsetzen, sollten die Ausgabewerte daher übereinstimmen. (Bei allen anderen nutzen wir die Listenposition nicht als Ausgabewert). Letztlich handelt es sich bei dem Wert „keine Angabe" um nicht verwertbare Daten, die dadurch später leichter gefiltert bzw. entfernt werden können. Diese sogenannten „fehlenden Werte" erhalten üblicherweise eine zweistellige, numerische Kennzeichnung, oftmals die „99". Damit kann die ForscherIn später auf einen Blick erkennen, dass diese Daten nicht mit in die Auswertung einbezogen werden sollen, da der numerische „Abstand" zu den „nützlichen" Daten groß genug ist. Das wäre in einer grafischen Darstellung, zum Beispiel in einem Histogramm, wiederum gut zu sehen. Wir kommen gleich darauf zurück, wie wir die „99" vergeben. Zunächst müssen wir ein weiteres Detail beachten, nämlich die „semantische" Ordnung der Auflistung.

Wir hatten eben gesagt, dass die jeweilige Listenposition als numerischer Wert ausgegeben wird. Schauen wir uns die Antwortmöglichkeiten der Fragen an, zum Beispiel von Frage 1, dann ist die *semantische Ordnung* absteigend, das heißt von positiven („sehr gut") zu negativen Werten („sehr schlecht"), die Zeilennummerierung jedoch aufsteigend.[53] Das trifft für die Fragen 1, 2 und 8 zu, bei der Frage 3 stimmt die semantische und numerische Ordnung überein. Wir wollen jedoch eine einheitliche Ordnung herstellen. Nun können wir uns entscheiden, ob wir Frage 3 oder die anderen „umpolen", das heißt ihre Richtung ändern wollen. Wir entscheiden uns für die Umkehrung von Frage 3.

7.1.3 Antworten „umpolen"

Für die Umpolung der dritten Frage gehen wir zunächst in die zu verschiebende Zelle der Spalte „C" und halten dabei die [UMSCHALT]-Taste („Shift") während des Verschiebens gedrückt. Dadurch schiebt Excel den Zellinhalt zwischen die anderen Zellen – ohne die [UMSCHALT]-Taste würde Excel den Inhalt verschieben *und* ersetzen, was wir vermeiden wollen. Dies wiederholen wir, bis die gewünschte Ordnung vorliegt (C2 = „Oberschicht",… C6 = „Unterschicht"). Nach Abschluss dieses Vorgangs sind nun alle Werte, die wir den *Kombinationsfeldern* als Inhalt („Eingabe") bereitstellen, in derselben semantischen Reihenfolge. Sie sind jedoch noch „kontraintuitiv" angeordnet („Schulnoten"-Prinzip). Bei der späteren Interpretation der Ergebnisse wären dann die höheren Werte, die schlechteren (je kleiner,

---

53 Das ist der Übernahme der Fragen und Antworten aus dem ALLBUS geschuldet und kann natürlich bei der jeweiligen eigenen Forschung gleich berücksichtigt werden. Aus Gründen der Demonstration wurde hier jedoch darauf verzichtet.

desto besser). Umgekehrt wäre es jedoch intuitiver (je größer, desto besser). Zur Umpolung nutzen wir deshalb gleich die Funktion *Sverweis*.

Damit wir die Werte „umwandeln" können, fügen wir eine neue Spalte am Anfang unseres Arbeitsblattes *LISTEN* hinzu, deren Spaltenkopf wir zum Beispiel mit „UMPOL" (Umpolung) benennen. Dazu gehen wir mit dem Cursor auf die Spaltenbezeichnung „A", öffnen das *Kontextmenü* durch Drücken der rechten Maustaste und wählen *Zellen einfügen*. Unsere bisherigen Spalten verschieben sich dadurch eine Spalte nach rechts (die Fragen beginnen nun ab Spalte „B"). Ab Zelle „A2" tragen wir nun absteigend die Werte ein, beginnend bei „5" (denn wir nutzen eine 5er-Skala). In der Zeile 8, in der sich unsere „keine Angabe"-Antwort befindet, vergeben wir den Code „99". Anschließend wiederholen wir diesen Schritt und fügen eine weitere Spalte am Anfang des Tabellenblattes hinzu, die wir „POS" (Position) nennen. Hier geben wir ab Zeile 2 nun wiederum *aufsteigende* Werte (beginnend mit „1") ein, in dem Fall von 1-7, da wir maximal sieben Antwortmöglichkeiten innerhalb einer Frage haben (vgl. Abb. 7.2). Achtung: Die leere Zelle wird dabei mitgezählt, denn Excel erkennt die leere Zeile ebenfalls als Zeile an, das Programm vergibt folglich trotzdem eine Positionsnummer. Damit haben wir fast alle notwendigen Vorarbeiten getroffen.

Abschließend fehlt noch die Anpassung der Antworten von Frage 11 (*sozio-ökonomische* Daten). Wie wir aus der obigen Auflistung zu den verwendeten Steuerelementen entnehmen können (vgl. Abschnitt 7.1.1), wollen wir für die Variable *Geschlecht* ebenfalls *Kontrollkästchen* nutzen, für die Variable *Alter* und *Einkommen* jedoch jeweils ein *Textfeld*. Wir müssen daher nur die Ausprägungen der Variable *Geschlecht* vorgeben und tragen diese somit untereinander in die Spalte der Frage 11 ein (also ab Zelle „M2"): männlich, weiblich und sonstiges.

	A	B	C	D	E	F	G	H	I	J	K	L	M
1	POS	UMPOL	F01	F02	F03	F04	F05	F06	F07	F08	F09	F10	F11
2	1	5	Sehr gut	Sehr gut	Der Oberschicht	Hauptberufliche Erwerbstätigkeit, ganztags	befristet	Voll zustimmen	mehr als meinen gerechten Anteil	Sehr wichtig	Ganz und gar zufrieden	Gruppenmensch vs. Einzelgänger	männlich
3	2	4	Gut	Gut	Der oberen Mittelschicht	Hauptberufliche Erwerbstätigkeit, halbtags	unbefristet	Eher zustimmen	sehr viel weniger	Wichtig	Ganz und gar unzufrieden	Laut vs. leise	weiblich
4	3	3	Teils gut / teils schlecht	Teils gut / teils schlecht	Der Mittelschicht	Nebenhar erwerbstätig	keine Angabe	Eher nicht zustimmen		neutral		Extrovertiert vs. introvertiert	sonstiges
5	4	2	Schlecht	Schlecht	Der Arbeiterschicht	Nicht erwerbstätig		Überhaupt nicht zustimmen		Weniger wichtig		konservativ vs. offen für Neues	
6	5	1	Sehr schlecht	Sehr schlecht	Der Unterschicht					Unwichtig			
7	6												
8	7	99	keine Angabe	keine Angabe	keine Angabe	keine Angabe				keine Angabe	keine Angabe		

Abb. 7.2 Arbeitsblatt LISTEN mit zusätzlichen Spalten „Umpolung" und „Position"

7.2 Layout anpassen und Sektionen vorbereiten

Bevor nun alle Elemente eingefügt werden können, passen wir das Layout des Fragebogens an (vgl. auch Abschnitt 5.1). Im Arbeitsblatt *FRAGEBOGEN* markieren wir dazu die Spalten „B" bis „AE", also insgesamt 30 Stück und reduzieren ihre Ursprungsbreite auf 25 Pixel (px); Spalte „A" hingegen verbreitern wir etwas, sodass der Bereich „B:AE" zentriert wird (vgl. Abb. 7.3).

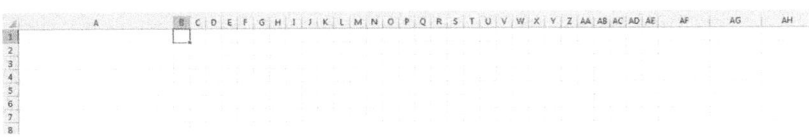

Abb. 7.3 Grid-Layout des Fragebogens

Nun können wir beginnen, unsere *Sektionen* zu erstellen. Wir sagten, dass wir unseren Fragebogen so gestalten wollen, dass er Elemente von Papier-Fragebögen enthält, zum Beispiel die „ankreuzbaren" Felder (Kontrollkästchen), aber auch den Vorteil der Online-Befragungen bieten soll. Etwa die Möglichkeit, jede Frage (bzw. Fragekomplexe) einzeln zu stellen, wodurch die Befragten besser durch den Fragebogen geführt werden. Letzteres erreichen wir zum einen durch die Einteilung in *Sektionen* und zum anderen durch die Simulation eines „Weiter"-Mechanismus („Nächste Frage", „Weiter zu Frage X", usw.). Dazu überlegen wir uns zunächst, ob es sinnvoll wäre, einige Fragen in eine gemeinsame Sektion zu integrieren – das wäre zum Beispiel bei Frage 1 und Frage 2 der Fall, weil sie inhaltlich gut zusammenpassen. Wir erstellen daher insgesamt sieben (bzw. neun) Sektionen und zwar mit der folgenden Zuordnung:

- Sektion 0a: Begrüßung, Erklärung und Datenschutz
- Sektion 1:   Frage 1, Frage 2
- Sektion 2:   Frage 3
- Sektion 3:   Frage 4, Frage 5
- Sektion 4:   Frage 6
- Sektion 5:   Frage 7, Frage 8
- Sektion 6:   Frage 9, Frage 10
- Sektion 7:   Frage 11
- Sektion 0b: Abschluss, Danksagung, Kontakt

7.2.1 Sektion 0a: Begrüßungstext und Zustimmung

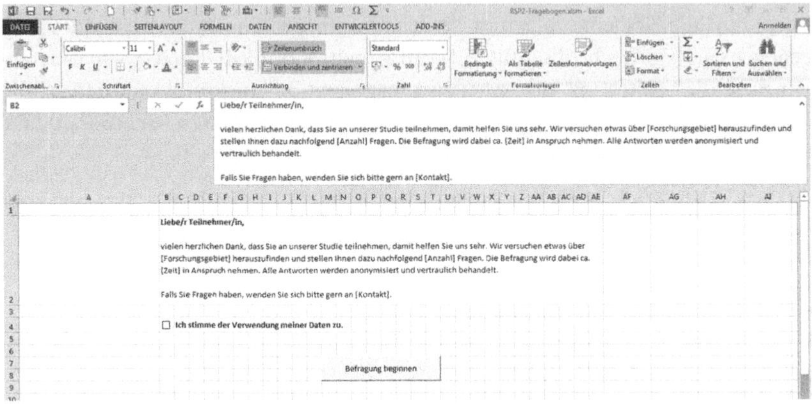

Abb. 7.4 Sektion 0a des Fragebogens

An den Anfang des Fragebogens stellen wir einen *Begrüßungstext* (vgl. Abb. 7.4). Hier soll nochmals eine kurze Erklärung darüber gegeben werden, was die Person im weiteren Verlauf erwartet, das heißt ein paar Zeilen zur Forschung und zum Aufbau des Fragebogens geschrieben werden. Auch ein Hinweis zum Umgang mit den Daten ist angebracht – je mehr Interesse die Person hat, desto eher ist sie bereit, an der Befragung teilzunehmen. Die Einleitung des Fragebogens – dazu zählen im Grunde auch noch die ersten Fragen – entscheidet folglich über das Engagement der TeilnehmerInnen. Ein solcher Text könnte exemplarisch so formuliert sein:

> *Liebe/r Teilnehmer/in,*
> *vielen herzlichen Dank, dass Sie an unserer Studie teilnehmen, damit helfen Sie uns sehr. Wir versuchen etwas über [Forschungsgebiet] herauszufinden und stellen Ihnen dazu nachfolgend [Anzahl] Fragen. Die Befragung wird dabei ca. [Zeit] in Anspruch nehmen. Alle Antworten werden anonymisiert und vertraulich behandelt. Falls Sie Fragen haben, wenden Sie sich bitte gern an [Kontakt].*

Diese Umfrageeinleitung wollen wir in der zweiten Zeile unseres Arbeitsblatts *FRAGEBOGEN* einfügen.[54] Dazu markieren wir zunächst den Zellbereich „B2:AE2"

---

54 Wir könnten auch bei Zeile 1 oder 3 beginnen. Die zweite Zeile bietet jedoch den Vorteil, den oberen Abstand in einfacher Weise zu regulieren bzw. anzupassen.

7.2 Layout anpassen und Sektionen vorbereiten

und verbinden anschließend die Zellen, sodass eine große Zelle entsteht (*Start* → *Verbinden und zentrieren*). Danach schreiben wir den Text hinein und setzen ihn „linksbündig". Innerhalb der Bearbeitungsleiste generieren wir die Zeilenumbrüche des Textes durch die Tastenkombination [ALT]+[ENTER]. Die zweite Zeile müssen wir jetzt noch vergrößern, sodass der gesamte Text sichtbar wird.

Außerdem wollen wir die Zustimmung der befragten Person einholen und die Befragung erst dann beginnen lassen, wenn sie damit einverstanden ist. Dazu nutzen wir ein *Kontrollkästchen* (*Entwicklertools* → *Steuerelemente* → *Einfügen*) und platzieren dieses mit gedrückter [ALT]-Taste in die Zelle „B4". Die ursprüngliche Benennung („Kontrollkäschen 1") können wir ändern, indem wir mit der rechten Maustaste darauf klicken und *Text bearbeiten* wählen. Wir löschen den Namen komplett und schreiben anschließend unseren Text in die Nachbarzelle „B5", zum Beispiel: „Ich stimme der Verwendung meiner Daten zu". Jetzt klicken wir mit der rechten Maustaste auf das Kontrollkästchen, sodass der *Bearbeitungsmodus* erneut aktiviert wird. Wir ziehen das Kästchen nun über den gesamten Text und erweitern dadurch dessen Klickfläche.

Zum Abschluss fügen wir noch eine *Schaltfläche* (Entwicklertools) hinzu. Erneut halten wir dabei die [ALT]-Taste gedrückt und fügen das Element in den Bereich von „M7:T8" ein. Als nächstes werden wir von Excel aufgefordert, ein Makro zu wählen, dies ignorieren wir jedoch und schließen das Dialog-Fenster (wir werden dieses später schreiben und einfügen, vgl. hierzu Abs. 7.6.3). Abschließend ändern wir die Beschriftung der Schaltfläche (Rechtsklick …), zum Beispiel in „Befragung starten". Damit haben wir die erste Sektion erstellt.

7.2.2 Sektion 0b: Abschlusstext und Danksagung

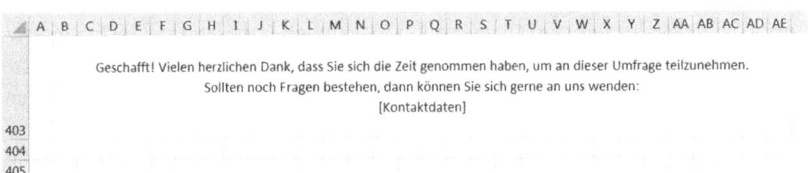

Abb. 7.5 Sektion 0b: Abschluss und Danksagung

Bevor wir mit den Frage-Sektionen beginnen, fügen wir noch die *Sektion 0b* ein, also unseren Abschlusstext und die Danksagung am Ende der Befragung (vgl. Abb. 7.5). Dazu verknüpfen wir in Zeile „403" den Zellbereich „B403:AE403" zu einer Zelle („B403").[55] Am Ende des Fragebogens wollen wir uns noch einmal bei unseren ProbandInnen bedanken und nochmals darauf hinweisen, an wen sie sich bei etwaigen Fragen wenden können, das heißt einen Kontakt angeben. Wir schreiben zum Beispiel:

> *Geschafft! Vielen herzlichen Dank, dass Sie sich die Zeit genommen haben, um an dieser Umfrage teilzunehmen. Sollten noch Fragen bestehen, dann können Sie sich gerne an uns wenden: [Kontaktdaten]*

7.2.3 Sektionen 1-7: Frageblöcke erstellen

Jetzt erstellen wir die Frage-Sektionen. Wir wollen zwischen den einzelnen Sektionen „blättern", das heißt vor und zurück navigieren bzw. einen automatischen „Bildlauf" durchführen können. Damit wir den gewünschten „Navigationseffekt" erzielen (also nach oben bzw. unten scrollen), müssen wir zwischen den einzelnen Sektionen gewisse Abstände lassen. Wir verwenden hierzu gleichbleibende Abstände, da wir so nur zwei *Makros* programmieren müssen. Eine andere Lösung wäre es, direkt zu der jeweiligen Zelle zu springen, dies würde jedoch letztlich bedeuten, dass wir für jede Frage auch ein eigenes Makro aufnehmen bzw. schreiben müssten.[56] Wir entscheiden uns für die erste Lösung und halten die Abstände zu den Fragen gleich – hier sind es „50" Zeilen. Innerhalb des Makros nutzen wir diesen Zahlenwert, der angibt, um wie viele Zeilen der Bildlauf durchgeführt werden soll.

Unsere „Sektion 0a" haben wir innerhalb des Fragebogens ganz oben positioniert. Wir wollen nun „50" Zeilen überspringen, somit muss die erste Frage entsprechend in Zeile 51 stehen, da sich der Bildlauf immer an der obersten Zeile orientiert, in diesem Fall an Zeile 1 (Zeile 1 + 50 Zeilensprünge = Zeile 51). Wir positionieren unsere Frageblöcke demgemäß, das heißt wir erstellen insgesamt sieben Frage-Sektionen, wobei die letzte der Sektionen ab Zeile 351 beginnt. Die einzelnen Schritte werden in den folgenden Abschnitten nacheinander beschrieben. Zuerst wollen wir jedoch den weiter oben genannten Fortschrittsbalken erstellen.

---

55 Wir wählen diese Zeile, weil wir jede Sektion im Abstand von 50 Zeilen erstellen werden, wobei in der jeweils ersten Zeile, etwa 401, ein Fortschrittsbalken eingefügt wird und darunter immer eine Zeile frei bleibt. Die letzte Sektion beginnt dann entsprechend in Zeile 401.

56 Letztlich ist dies jedoch nicht unbedingt ein Mehraufwand, da man den Programmcode kopieren, einfügen und leicht editieren könnte, das heißt nur die entsprechende Zeilennummer eintragen müsste.

7.2.4 Fortschrittsbalken einfügen

Damit die befragten Personen später den *Status der Befragung* ablesen können, bauen wir einen *Fortschrittsbalken* ein (vgl. Abb. 7.5). (In unserem Fall ist das ein simpler Indikator, der den prozentualen Anteil der schon abgeschlossenen Sektionen anzeigt.) Wir platzieren den Balken über jede Frage, in der jeweils ersten Zeile der Sektion (also in Zelle 51, 101, 151, usw.). Wie fügen wir diesen Balken ein?

Im Grunde ist die Fortschrittsanzeige eine verbundene Zelle, die wir über die gesamte Breite des Fragebogens erstellen (zum Beispiel Bereich „B51:AE51" → „B51"). Die jeweilige Zeilenhöhe erweitern wir zum Beispiel auf den Wert „22,50" (30px). Anschließend geben wir die folgende Formel in das jeweilige Feld ein und passen die „x"-Werte je nach Sektion an (x = Nummer der aktuellen Sektion, n = Anzahl der Sektionen des Fragebogens):

=(x-1)/n

Warum nutzen wir „x-1"? Der Fortschrittsbalken soll erst dann „100 %" anzeigen, wenn alle sieben Sektionen durchlaufen worden sind und die befragte Person letztlich bei der neunten Sektion („Sektion 0b") angelangt ist. Wir haben uns hier für die Angabe der relativen Werte entschieden, das heißt für den abgeschlossenen Anteil in Prozent. Die ausgegebenen Zellwerte müssen wir deshalb noch in Prozentwerte umformatieren. Hierzu finden wir eine *Formatvorlage* im Hauptregister *Start* unter der Registerkarte *Zahlen*. Dieser Schritt muss nun für jede Sektion wiederholt werden. Es gäbe noch weitere Varianten diesen Balken umzusetzen, wir belassen es jedoch bei der einfachen Anzeige.[57]

---

[57] Anstatt der Zahlenwerte, könnte auch eine optische Formatierung für Übersicht sorgen. Hierzu müsste die jeweilige Anzahl der Zellen bestimmt werden, die dann eingefärbt werden und den Fortschritt repräsentieren sollen. Der Balken würde dann farbig „wachsen", sobald eine Sektion abgeschlossen wurde. Alternativ könnte man auch einen Text einbauen: „Sie haben 3 von 7 Sektionen geschafft". Excel bietet außerdem die Möglichkeit, Zellen je nach Inhalt bzw. Zahlenwert farbig zu markieren, diese Funktion nennt sich *Bedingte Formatierung* und findet sich ebenfalls im Hauptregister *Start*. Hier könnte man nun „Regeln zum Hervorheben von Zellen" bestimmen und dazugehörige Farbwerte angeben, zum Beispiel sieben unterschiedliche grün-Werte, die in ihrer Sättigung zunehmen.

7.3 Sektionen 1-7: Fragen und Steuerelemente einfügen

Im nächsten Schritt fügen wir die Fragen und ihre dazugehörigen *Steuerelemente* ein. Hierzu gehen wir Frage für Frage durch, wir bewegen uns sozusagen von oben nach unten. Die Anordnung der Fragen und Antwort-Items kann grundsätzlich frei gewählt werden, wobei man jedoch für eine übersichtliche Anordnung sorgen sollte, um die TeilnehmerInnen nicht zu irritieren. (Nochmals der Hinweis: In den nachfolgenden Ausführungen werden genaue Zellangaben verwendet. Damit die einzelnen Schritte nachvollzogen werden können, sollten diese Zellen auch genutzt werden.)

7.3.1 Konstruktion der Sektionen 1 und 2

Tab. 7.2 Fragen der Sektion 1 und Sektion 2

Nr.	Frage
1	Wie beurteilen Sie ganz allgemein die heutige wirtschaftliche Lage in Deutschland? [F001]
2	Und Ihre wirtschaftliche Lage heute? [F002]
3	Es wird heute viel über die verschiedenen Bevölkerungsschichten gesprochen. Welcher Schicht rechnen Sie sich selbst eher zu? [F054]

Sektion 1 unseres Fragebogens besteht insgesamt aus zwei Fragen, den Fragen 1 und 2, *Sektion 2* wiederum nur aus einer, nämlich Frage 3 (vgl. Tab. 7.2). Für alle Fragen dient jeweils ein *Kombinationsfeld* dazu, die möglichen Antworten vorzugeben. Wie wir auf der Abbildung sehen können (vgl. Abb. 7.6) befindet sich in der obersten Zeile der eben eingefügte Fortschrittsbalken und zwischen den einzelnen Elementen (Fragen und Steuerelemente) wurden zwei Zeilen Platz gelassen um eine bessere Übersicht zu erhalten. Außerdem wurden die Antwortmöglichkeiten jeweils unter die Frage geschrieben („C54" und „C58"), damit die TeilnehmerIn unmittelbar erkennt, wie sie antworten kann.

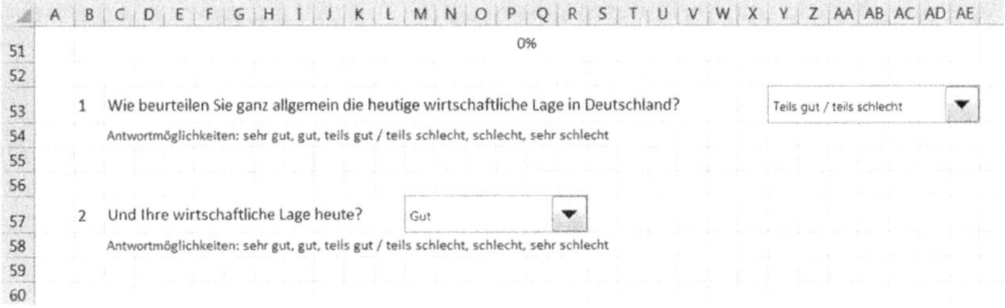

7.3 Sektionen 1-7: Fragen und Steuerelemente einfügen 113

Abb. 7.6 Sektion 1 des Fragebogens

Des Weiteren ist zu sehen, dass die Zeilen, innerhalb derer die Fragen platziert wurden („C53" und „C57"), höher sind als die anderen (hier 30px). Außerdem wurde die Schrift der Antwortmöglichkeiten verkleinert (von Größe „11" auf „9"). Dadurch wird der Fokus auf die Frage gelenkt und sorgt wiederum für eine bessere Übersicht.

Die *Kombinationsfelder* neben den Fragen wurden bei gedrückter [ALT]-Taste in die jeweilige Position integriert. Das Drücken der [ALT]-Taste passt das Steuerelement genau in die jeweiligen Zellen ein, dies ist wichtig, da sich das Element bei späteren Verschiebungen ebenfalls mitbewegt. Die Inhalte des Kombinationsfelds fügen wir ein, indem wir eine Verknüpfung zum Arbeitsblatt *LISTEN* erstellen. Wir klicken dazu mit der rechten Maustaste auf das Element und wählen *Steuerelement formatieren*. Im sich öffnenden Dialog-Fenster, unter dem Reiter *Steuerung*, findet sich der *Eingabebereich*, in den wir die *Zellverknüpfung* für die Eingabe eintragen bzw. von Excel eintragen lassen. Durch ein Gleichheitszeichen wird Excel mitgeteilt, dass wir eine Formel bzw. eine Funktion beginnen oder, wie in unserem Fall, eine Verknüpfung mit einer anderen Zelle herstellen wollen. Nachdem wir das Zeichen geschrieben haben, navigieren wir in das Arbeitsblatt *LISTEN* und selektieren durch eine Markierung den entsprechenden Zellbereich („C2:C8"). Der markierte Bereich wird durch eine gestrichelte Umrandung angezeigt. Im Feld „Eingabebereich" steht nun folgendes geschrieben:

=LISTEN!$C$2:$C$8

„LISTEN!" markiert dabei den Quellort und „$C$2:$C$8" den ausgewählten Zellbereich, wobei dieser durch die Dollar-Zeichen *absolut* gesetzt worden ist, sich also bei Verschiebungen nicht mehr verändert. Diesen Vorgang wiederholen wir nun auch für die zweite Frage. Sektion 1 haben wir dadurch erstellt.

Sektion 2 erstellen wir nun nach demselben Prinzip: Wir scrollen 50 Zeilen weiter nach unten, fügen die Frage und deren Antworten hinzu, erstellen ein

Kombinationsfeld und verknüpfen dessen Inhalt mit den Vorgaben aus unserem Arbeitsblatt *LISTEN* (vgl. Abb. 7.7).

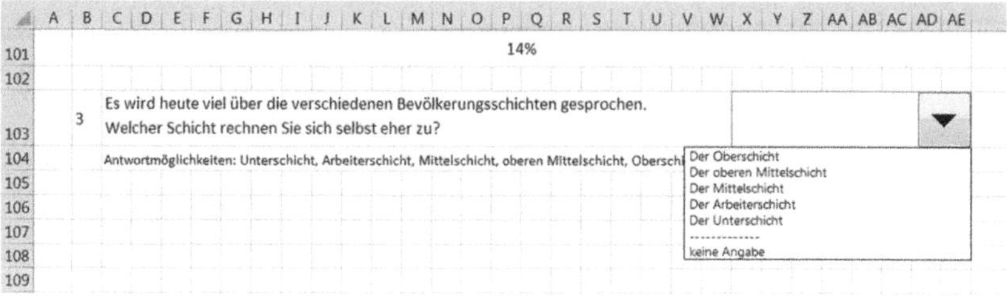

Abb. 7.7 Sektion 2 des Fragebogens

7.3.2 Konstruktion der Sektionen 3 und 4

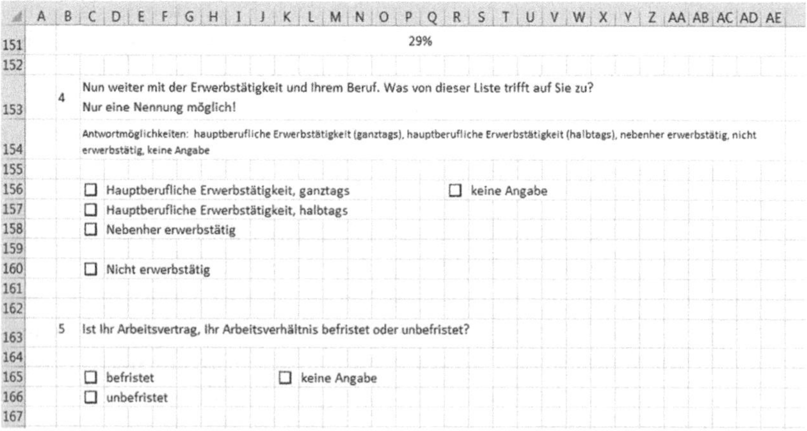

Abb. 7.8 Sektion 3 des Fragebogens

Sektion 3 des Fragebogens beinhaltet *Kontrollkästchen* zur Beantwortung der Fragen 4 und 5 (vgl. Tab. 7.3). Zuerst integrieren wir Frage 4 in das Arbeitsblatt, erneut ergänzen wir darunter die Information bezüglich der Antwortmöglichkeiten. Die Kontrollkästchen werden anschließend darunter platziert (vgl. Abb. 7.8). Wie gehen wir dazu vor?

7.3 Sektionen 1-7: Fragen und Steuerelemente einfügen

Tab. 7.3 Einzufügende Fragen der Sektion 3

Nr.	Frage
4	Nun weiter mit der Erwerbstätigkeit und Ihrem Beruf. Was von dieser Liste trifft auf Sie zu? Nur eine Nennung möglich! [F026]
5	Ist Ihr Arbeitsvertrag, Ihr Arbeitsverhältnis befristet oder unbefristet? [F031]

Die Beschriftung der Kontrollkästchen wollen wir aus unserem *LISTEN*-Arbeitsblatt erhalten. Wir erstellen also, wie in der vorhergehenden Sektion, eine einfache Zellverknüpfung mithilfe des Gleichheitszeichens und wählen anschließend die dazugehörige Zelle aus. In Zelle „D156" schreiben wir also „=LISTEN!F2", da sich in Zelle „F2" des Arbeitsblattes *LISTEN* die erste Antwort befindet und bestätigen dies mit der Eingabe-Taste („Enter"). Wir wählen die Zelle nun erneut an und sehen ein grünes Quadrat am rechten, unteren Rand der Zellmarkierung. Dieses halten wir gedrückt und ziehen es so weit nach unten, bis alle Antwortmöglichkeiten in die Zellen eingetragen werden. Leere Zellen erhalten dabei den Wert „0" und können gelöscht werden. Als nächstes „schieben" wir die Antwortmöglichkeiten zusammen und ordnen sie semantisch, das heißt wir gliedern die Antworten nochmals auf und behalten so die Antworten, die inhaltlich zusammengehören, beieinander (hier: Block 1 = erwerbstätig, Block 2 = nicht erwerbstätig, Block 3 = keine Angabe). Es sei an dieser Stelle nochmals darauf verweisen, dass die Konstruktion des Fragebogens, das heißt die Anordnung der Fragen und Antworten, einen Einfluss auf das Frageverhalten nehmen kann (vgl. Abs. 2.4.3). Deshalb ist es wichtig, sich auch Gedanken bei der Gestaltung zu machen und das Layout entsprechend anzupassen.

Anschließend fügen wir die *Kontrollkästchen* hinzu (*Entwicklertools* → *Einfügen* → *Kontrollkästchen*). Erneut halten wir dabei die [ALT]-Taste gedrückt und ziehen das Steuerelement komplett über die eben eingefügten Antworten. Als nächstes löschen wir die störende Beschriftung des Kontrollkästchens mithilfe eines Rechtsklicks auf das Element und dem Befehl *Text bearbeiten*. Dies können wir nun entweder für die restlichen Antworten wiederholen, oder wir kopieren einfach das Steuerelement. Dazu muss es sich im *Bearbeitungsmodus* befinden (Rechtsklick). Danach kann es einfach durch die Tastenkombination [STRG]+[C] kopiert und mittels [STRG]+[V] an der jeweiligen Stelle eingefügt werden. Hier kann man nun auch noch die Länge des Kästchens anpassen, damit es nicht „breiter" ist als der Text und somit ein „Button" besser emuliert wird.

Diesen Arbeitsschritt wiederholen wir nun für unsere Frage 5. Die fünfte Frage soll später nur beantwortet werden, wenn jemand „erwerbstätig" ist, das heißt dies bei Frage 4 „angekreuzt" hat. Hierzu schreiben wir später ein kleines Makro, das automatisch zur nächsten Sektion springt, sollte dies *nicht* der Fall sein (also wenn jemand „nicht erwerbstätig" bzw. „keine Angabe" angegeben hat). Wir kommen später darauf zurück. Zunächst erstellen wir jedoch Sektion 4 (vgl. Abb. 7.9).

	A	B	C	D	E	F	G	H	I	J	K	L	M	N	O	P	Q	R	S	T	U	V	W	X	Y	Z	AA	AB	AC	AD	AE
201															43%																
202																														
203			6	Nachfolgend finden Sie einige Meinungen über Staat und Wirtschaft in Deutschland. Sagen Geben Sie bitte zu jeder Meinung an, ob Sie…																											
204				Antwortmöglichkeiten: überhaupt nicht zustimmen, eher nicht zustimmen, eher zustimmen, voll zustimmen																											
205																															
206																				überhaupt nicht zustimmen			eher nicht zustimmen			eher zustimmen			voll zustimmen		
207				A: In unserer Gesellschaft muss jeder für sich schauen, dass er auf einen grünen Zweig kommt. Es hilft nicht viel, sich mit anderen zusammenzuschließen, um politisch oder gewerkschaftlich für seine Sache zu kämpfen.																☐			☐			☐			☐		
208				B: Die Wirtschaft funktioniert nur, wenn die Unternehmer gute Gewinne machen. Und das kommt letzten Endes allen zugute.																☐			☐			☐			☐		
209				C: Der Staat muss dafür sorgen, dass jeder Arbeit hat und die Preise stabil bleiben, auch wenn deswegen die Freiheiten der Unternehmer eingeschränkt werden müssen.																☐			☐			☐			☐		
210				G: Die wirtschaftlichen Gewinne werden heute in Deutschland im Großen und Ganzen gerecht verteilt.																☐			☐			☐			☐		

Abb. 7.9 Sektion 4 des Fragebogens

Unsere *Sektion 4* beinhaltet die Frage 6 und ihre Erstellung erscheint zunächst komplex, ist jedoch grundsätzlich ähnlich zu Sektion 3, da wir auch hier *Kontrollkästchen* nutzen. Der einzige Unterschied besteht allein in der Aufteilung bzw. der Quantität der Kästchen.[58] Mit der sechsten Frage werden Überzeugungen bzw. Einstellungen abgefragt, also Aussagen getätigt, denen man mehr oder weniger zustimmen soll (vgl. Tab. 7.4).

Auch hier werden die Frage und die Informationen zu den möglichen Antworten nach dem Fortschrittsbalken platziert, wobei unsere „Frage" eher eine Aufforderung ist. Darunter werden die vier Aussagen („Meinungen") platziert, indem pro Aussage mehrere Zellen innerhalb einer Zeile miteinander verbunden werden (hier: ab Zeile 207, von „C" bis „S").

---

58 Die Umsetzung mit *Kontrollkästchen* liegt nah an einem „typischen" Fragebogen und ist für die ProbandIn leichter verständlich, wenngleich es für die Konstruktion mehr Aufwand bedeutet als zum Beispiel die Umsetzung mittels *Kombinationsfeldern*.

Tab. 7.4 Einzufügende Frage der Sektion 4

Nr.	Frage
6	Nachfolgend finden Sie einige Meinungen über Staat und Wirtschaft in Deutschland. Sagen Geben Sie bitte zu jeder Meinung an, ob Sie… [F056; Auswahl] A: In unserer Gesellschaft muss jeder für sich schauen, dass er auf einen grünen Zweig kommt. Es hilft nicht viel, sich mit anderen zusammenzuschließen, um politisch oder gewerkschaftlich für seine Sache zu kämpfen. B: Die Wirtschaft funktioniert nur, wenn die Unternehmer gute Gewinne machen. Und das kommt letzten Endes allen zugute. C: Der Staat muss dafür sorgen, dass jeder Arbeit hat und die Preise stabil bleiben, auch wenn deswegen die Freiheiten der Unternehmer eingeschränkt werden müssen. G: Die wirtschaftlichen Gewinne werden heute in Deutschland im Großen und Ganzen gerecht verteilt.

Daneben befinden sich die jeweiligen Antworten (eine 4er-Skala), die durch *Kontrollkästchen* umgesetzt werden. Zunächst fügen wir in Zeile „206" die Antwortvorgaben ein. Dazu bilden wir 4x3 Zellverbünde, beginnend ab „T206" und endend bei „AE206", in denen wir unsere Vorgaben hineinkopieren (Zellverknüpfung, Arbeitsblatt *LISTEN*). Darunter fügen wir dann die Kontrollkästchen hinzu. Das erste setzen wir in Zelle „U207", löschen seine Beschriftung, reduzieren es auf das Klickfeld und passen es mithilfe der gedrückten [ALT]-Taste ein. Wir kopieren das Kästchen als nächstes nach rechts, bis wir alle vier Antwortmöglichkeiten der ersten Zeile mit Kontrollkästchen versehen haben. Bei gedrückter [STRG]-Taste wird anschließend jedes dieser vier Kästchen markiert, sodass letztlich alle vier angewählt sind und wir sie entsprechend in die darunterliegenden Zellen kopieren können. Damit haben wir die vierte Sektion erstellt.

7.3.3 Konstruktion der Sektion 5

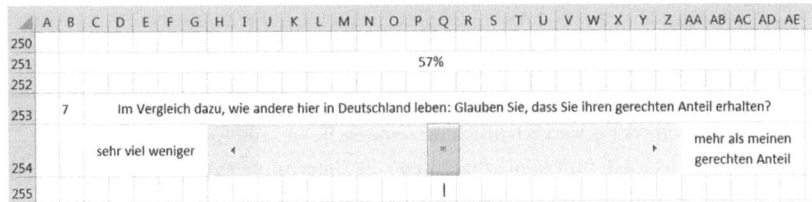

Abb. 7.10 Sektion 5: Frage 7 mit Bildlaufleiste

Die *Sektion 5* beinhaltet insgesamt zwei Fragen, deren Antworten zum einen durch eine *Bildlaufleiste* (Frage 7) und erneut durch ein *Kombinationsfeld* (Frage 8) in den Fragebogen eingearbeitet werden (vgl. Tab. 7.5.). Eine *Bildlaufleiste* ist nichts anderes als ein Schieberegler, der schon aus verschiedenen Anwendungen bekannt ist, zum Beispiel dem Internet-Browser und immer dann erscheint, wenn der dargestellte Inhalt zu groß ist, um komplett angezeigt werden zu können. An der Seite (vertikal) oder am unteren Rand (horizontal) erscheint dann ein Balken, mit dem man scrollen, das heißt die Richtung ändern und sich den Inhalt anzeigen lassen kann. Wir machen uns dieses Prinzip zu Nutze und verwenden eine *horizontale* Leiste.

Tab. 7.5 Fragen der Sektion 5

Nr.	Frage
7	Im Vergleich dazu, wie andere hier in Deutschland leben: Glauben Sie, dass Sie ihren gerechten Anteil erhalten? [F055, abgewandelt]
8	Wie kommt man in unserer Gesellschaft am ehesten nach oben? [F058; Auswahl]

    A: Opportunismus, Rücksichtslosigkeit

    B: Bildung, Ausbildung

    D: Zufall, Glück

    E: Intelligenz, Begabung

    G: Leistung, Fleiß

    H: Geld, Vermögen

    L: Bestechung, Korruption

7.3 Sektionen 1-7: Fragen und Steuerelemente einfügen

Wir beginnen mit unserer siebten Frage und fügen in Zelle „C253" ein (vgl. Abb. 7.10). Danach verbinden wir den Zellbereich „C253:AE253" miteinander und lassen diesen zentriert. Als nächstes platzieren wir die Beschriftung der Bildlaufleiste in die darunterliegende Zeile. Dazu markieren wir 2x5 Zellen (jeweils am Anfang und am Ende) und verbinden diese. Anschließend fügen wir jeweils die Beschriftung ein, erneut mit einer *Zellverknüpfung* (Arbeitsblatt: *LISTEN*), wobei auf der linken Seite „sehr viel weniger" und auf der rechten Seite „mehr als…" platziert wird. Zwischen diese beiden Beschriftungen fügen wir nun die *Bildlaufleiste* ein, die wir ebenfalls bei den *Entwicklertools* finden. Erneut achten wir dabei auf die Verwendung der [ALT]-Taste um das Steuerelement auch genau in die Zellen zu positionieren.

Als nächstes konfigurieren wir die Leiste, indem wir mit einem Rechtsklick in das Kontextmenü gelangen und *Steuerelement formatieren* wählen. Hier können wir nun die Werte der Leiste definieren, zum Beispiel den *Minimal-* oder den *Maximalwert*. Als Minimum wählen wir „1", als Maximum wiederum „7", damit haben wir eine 7er-Skala, mit der sich am Ende gut rechnen lässt.[59] Damit unsere ProbandIn eine bessere Orientierung für die Einschätzung erhält, markieren wir den Mittelpunkt der Leiste indem wir in der darunterliegenden Zeile zentriert einen vertikalen Balken („|", durch [ALT]+[<]) einfügen (hier in Zelle „Q255").

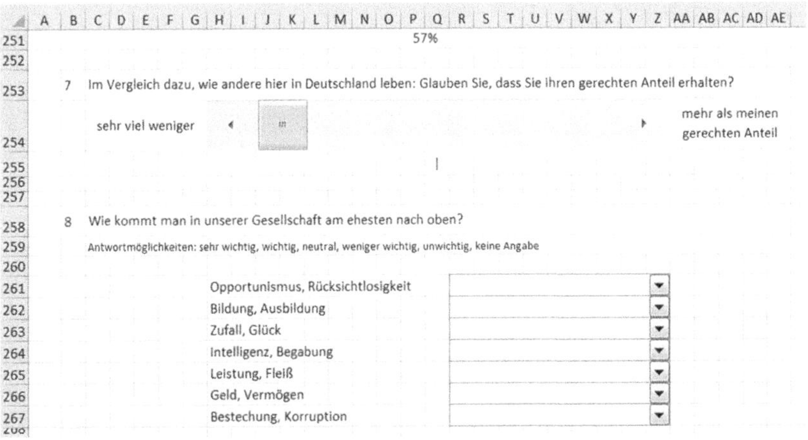

Abb. 7.11 Sektion 5: Frage 8

---

59 Man könnte hier natürlich die Spannweite erhöhen (Max-Wert) und so eine noch differenziertere Skala erhalten. Je größer der Maximalwert, desto kleiner wird der Schieberegler der Bildlaufleiste.

Als nächstes fügen wir Frage 8 ein, die insgesamt aus sieben Teilfragen bzw. -antworten (Items) besteht und mit der wir Einschätzungen abfragen wollen (vgl. Abb. 7.11). Die Items schreiben wir dann ab Zelle „H261" untereinander (bis „H267") und markieren anschließend alle sieben Zeilen. Diese ziehen wir von 20px auf 25px und zentrieren den Text vertikal (dies dient der besseren Lesbarkeit). Nun fügen wir ein *Kombinationsfeld* ein (hier: eingepasst in den Zellbereich „R261:Z261", das entspricht der Hälfte der obigen Bildlaufleiste). Die Inhalte dieses Elements verknüpfen wir, wie gehabt, im Formatierungsmenü, in dem wir dann den dazugehörigen Eingabebereich auswählen (hier: „LISTEN!$J$3:$J$8"). Anschließend können wir das Element durch *copy & paste* in die darunter befindlichen Zellen einfügen. Wir haben damit den zweiten Teil eingefügt und sind mit der Sektion fertig.

7.3.4 Konstruktion der Sektion 6

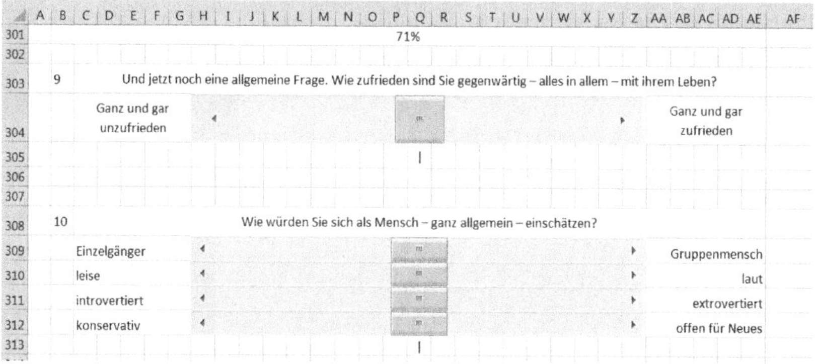

Abb. 7.12 Sektion 6 des Fragebogens

Unsere *Sektion 6* besteht insgesamt aus den Fragen 9 und 10 (vgl. Tab. 7.6), die jeweils durch eine *Bildlaufleiste* umgesetzt werden (vgl. Abb. 7.12). Diese haben wir im vorangegangenen Abschnitt schon kennengelernt. Frage 10 stellt ein (kleines) *semantisches Differential* dar und wird häufig in der Psychologie, jedoch auch gern in der Marktforschung eingesetzt, um zum Beispiel Persönlichkeitsmerkmale bzw. Einschätzungen gegenüber bestimmten Objekten abzufragen. Die beiden Extreme bilden dabei jeweils ihre Gegenposition und die ProbandIn wird dazu aufgefordert, sich zu verorten.[60]

Tab. 7.6 Fragen der Sektion 6

Nr.	Frage
9	Und jetzt noch eine allgemeine Frage. Wie zufrieden sind Sie gegenwärtig – alles in allem – mit ihrem Leben? [F169]
10	Persönlichkeitsmerkmale (nicht im Allbus): Wie würden Sie sich als Mensch – ganz allgemein – einschätzen?

Der Ablauf ist dabei ähnlich zu der vorherigen Sektion: Wir fügen die Fragen ein, markieren jeweils die ersten und letzten fünf Zellen der Zeile, in der die Bildlaufleiste eingefügt wird und verbinden diese; danach fügen wir die Antwortmöglichkeiten ein (bzw. die ‚Extreme' oder ‚Pole' der Leiste) usw. Die Bildlaufleiste erhält erneut den Maximalwert von „7" und beginnt wiederum bei „1". Bei den Persönlichkeitsmerkmalen (Frage 10) gehen wir ebenso vor. Die Bildlaufleiste(n) können wir dabei von Frage 9 kopieren und entsprechend einfügen.

7.3.5 Konstruktion der Sektion 7: Sozio-ökonomische Daten

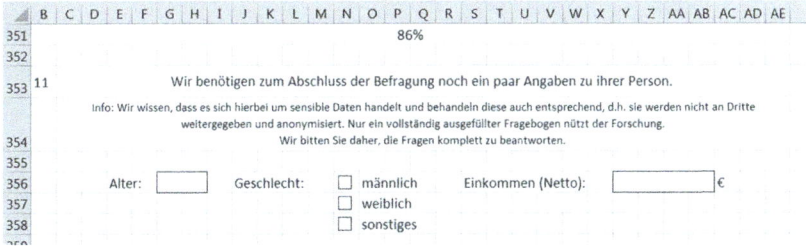

Abb. 7.13 Sektion 7 des Fragebogens

---

60 In der klinischen Psychologie wird so zum Beispiel erforscht, inwiefern ein ‚Ideal-Selbst' mit dem ‚Ist-Selbst' übereinstimmt. In der Marktforschung, zum Beispiel in Kulturbetrieben, kann wiederum ermittelt werden, inwiefern die Vorstellungen des Regisseurs über ein Stück mit denen der Rezipienten übereinstimmt (Der Regisseur nimmt das Stück als *modern* wahr, die Rezipienten aber eher *traditionell* etc.).

Die sogenannten ‚sozio-ökonomischen' Daten werden oftmals an das Ende des Fragebogens gestellt, da hier immer noch die größte Reaktanz-Wahrscheinlichkeit besteht, das heißt die ProbandInnen am wenigsten geneigt sind, die Fragen zu beantworten und im schlechtesten Fall sogar die Befragung abbrechen. Wir setzen hier nur einen Ausschnitt um, nämlich *Alter*, *Geschlecht* und *Netto-Einkommen* (vgl. Abb. 7.13). Oftmals werden noch weitere Items erhoben (zum Beispiel der Bildungsabschluss), die drei Items sollen uns hier jedoch genügen.

Gerade weil es sich um sensible Daten handelt, kann es sinnvoll sein, nochmals auf den Umgang mit den Daten hinzuweisen und der ProbandIn die Angst zu nehmen. Ein solcher Text könnte zum Beispiel lauten:

Info: Wir wissen, dass es sich hierbei um sensible Daten handelt und behandeln diese auch entsprechend, das heißt sie werden nicht an Dritte weitergegeben und anonymisiert. Nur ein vollständig ausgefüllter Fragebogen nützt der Forschung. Wir bitten Sie daher, die Fragen komplett zu beantworten.

Diesen Text fügen unter der Frage ein. Darunter folgen wiederum die Kategorien mit den jeweiligen Antwortmöglichkeiten. Bei der Kategorie *Geschlecht* wählen wir Kontrollkästchen und geben die Ausprägungen „männlich", „weiblich" und „sonstiges" vor. (Wir erinnern uns, *Facebook* bietet hier 60 verschiedene Möglichkeiten.) Das *Alter* und das *Netto-Einkommen* erheben wir durch ein *Textfeld* – wir erhalten dadurch eine sogenannte *String*-Variable. Das Textfeld ist nichts anderes als ein Verbund aus Zellen: Beim Alter nutzen wir zwei, beim Einkommen vier Zellen, die wir miteinander verbinden und anschließend zur besseren Sichtbarkeit noch mit einem Rahmen versehen.

***

Wir haben nun alle Sektionen erstellt, das heißt die jeweiligen Fragen und die dazugehörigen Steuerelemente zur Beantwortung eingefügt. Diese müssen wir als nächstes erneut formatieren, denn jedes Element hat einen Bereich zur *Eingabe* und einen zur *Ausgabe*. Der Ausgabebereich dient letztlich dazu, die jeweiligen Werte der Steuerelemente auszugeben. Hierzu erstellen wir nun Zellverknüpfungen.

7.4 Zellverknüpfungen hinzufügen

Zellverknüpfungen dienen dazu, alle Eingaben der Elemente des Fragebogens an anderer Stelle *auszugeben*. Ein typischer (quantitativer) Datensatz umfasst später viele Zahlenwerte, die als numerisches Relativ, für eine spezifische Eigenschaft der ‚sozialen Wirklichkeit' stehen. Letztlich gilt: Für jede Eingabe benötigen wir eine Ausgabezelle, das heißt wir müssen entsprechende Spalten im Arbeitsblatt *RECHNUNG* dafür zur Verfügung stellen. Zellverknüpfungen werden zum einen durch die einfache Verwendung des Gleichheitszeichens hergestellt, oder im *Formatierungsmenü* des jeweiligen Steuerelementes eingetragen (Rechtsklick). Für unseren Fragebogen trifft ersteres auf die Variablen *Geschlecht* und *Einkommen* zu, hier müssen wir in unserem Arbeitsblatt *RECHNUNG* eine einfache Verknüpfung mit den jeweiligen Eingabezellen erstellen, die sich im Blatt *FRAGEBOGEN* befinden. Letzteres trifft auf alle Steuerelemente zu, diese müssen wir einzeln und nacheinander mit den jeweiligen Zellen verbinden. Fangen wir also an und gehen in das Arbeitsblatt *RECHNUNG*. Zur Vorbereitung erstellen wir zunächst die „Tabellenköpfe".

7.4.1 Vorbereitung: Tabellenköpfe erstellen

Jede Tabelle hat einen sogenannten „Tabellenkopf", das ist die *Beschriftung* des sich darin befindlichen Inhalts. In unserem Fall sind das zum Beispiel die Fragen, die wir schon im Arbeitsblatt *LISTEN* eingefügt haben (zuzüglich einiger Ergänzungen, gleich mehr dazu). Wir können daher zunächst die Beschriftungen aus dem Listen-Arbeitsblatt für unser Blatt *RECHNUNG* übernehmen, indem wir sie kopieren. Wir übernehmen dabei jedoch nur die Fragen (ab Spalte „C") und lassen die Spalten „A" und „B" außen vor. (Die ersten beiden Spalten benötigen wir nicht in den Ergebnissen, sie sind ausschließlich für die Rechnung interessant.) Mit der Tastenkombination [STRG]+[UMSCHALT]+[→] können wir die Zellen auswählen, die einen Inhalt besitzen (Excel springt damit in die letzte Zelle, in der sich Inhalte befinden). Nach dem Kopieren fügen wir die Beschriftungen schließlich in die erste Zeile des Blattes *RECHNUNG* (Bereich „A1:K1").

7.4.2 Eine ID vergeben und die Zustimmungsvariable einfügen

Der spätere Datensatz besteht aus verschiedenen Fällen, jeder Fall steht dabei für einen Fragebogen. Damit wir diese voneinander unterscheiden können, vergeben wir für jeden eine zufällige ID.[61] Zunächst müssen wir dazu ganz vorn im Arbeitsblatt *RECHNUNG* eine neue Spalte einfügen, die wir mit „ID" beschriften. Anschließend geben wir folgendes in die darunterliegende Zelle ein, wodurch eine Zufallszahl generiert wird:

=ZUFALLSZAHL()

Als nächstes erinnern wir uns, dass wir in *Sektion 0a* ein Zustimmungskästchen (Kontrollkästchen) eingefügt haben, mit dem wir sicherstellen wollen, dass wir die erhobenen Daten auch verwenden dürfen. Für dieses Kästchen benötigen wir nun ebenfalls eine neue Spalte, die wir vorn, neben der „ID" einfügen und mit „OK" betiteln. Die Ausgabe dieses Wertes kann später *Wahr* oder *Falsch* sein, bei einer Zustimmung würde also „WAHR" ausgegeben werden. (In *Sektion 0a* befindet sich außerdem eine Schaltfläche, die letztlich nur funktionieren, das heißt zur ersten Frage weiterleiten soll, wenn das Zustimmungskästchen aktiviert worden ist. Hierzu schreiben wir später ein einfaches Makro.)

7.4.3 Ausgabewerte der Antworten verknüpfen

Zunächst wollen wir jedoch die jeweiligen Antworten unserer Fragen mit den Ausgabezellen verknüpfen. Hierzu gehen die Fragen der Reihenfolge nach durch, beginnend bei der ersten Frage bzw. der ersten Sektion.[62]

---

61 Die *Zufallszahl* verändert sich zunächst bei einer beliebigen Eingabe. Wir werden die Zufallszahl jedoch später als Wert übernehmen (und nicht als Funktion), sodass sie sich dadurch nicht mehr verändert. Letztlich könnte man auch einfach eine fortlaufende Nummerierung einfügen. Die Umsetzung bedarf jedoch weiterer Vorkehrungen und ist letztlich umständlicher.

62 Für eine bessere Übersicht bietet es sich an, die jeweiligen Sektionen zu unterteilen, entweder durch „Trenn-Spalten" oder durch eine bestimmte Farbe (oder beides). Hier wird darauf verzichtet (vgl. hierzu Abschnitt 6.3 sowie Abb. 6.14).

7.4.3.1 Sektion 1 und 2 verknüpfen

Sektion 1 umfasst Frage 1 und Frage 2, deren Antworten jeweils durch ein *Kombinationsfeld* umgesetzt worden sind. Die Verknüpfung ist recht einfach, wir gehen dazu jeweils in das Formatierungsmenü des Steuerelements (*Rechtsklick → Steuerelement formatieren*) und geben im Feld „Zellverknüpfung" die jeweilige Zielzelle an (Frage 1: =RECHNUNG!$C$2; Frage 2: =RECHNUNG!$D$2). Die Bearbeitung verhält sich dabei im Prinzip genauso wie beim Feld „Eingabebereich", nur das wir die Bearbeitung verkürzen können: Die Zellverknüpfung kann direkt in die Bearbeitungsleiste eingegeben werden, sobald sich das Steuerelement im Bearbeitungsmodus befindet, der durch ebenjenen Rechtsklick auf das Element aktiviert wird. In *Sektion 2* können wir die Vorgehensweise wiederholen, da sich dort ebenfalls ein Kombinationsfeld findet.

7.4.3.2 Sektion 3 verknüpfen

Etwas aufwändiger wird es dann in der *Sektion 3*, denn dort haben wir *Kontrollkästchen* eingesetzt und jedes einzelne benötigt eine Ausgabespalte. Die Sektion besteht ebenfalls aus zwei Fragen, wir beginnen daher mit der ersten Frage (Frage 4) und zählen die jeweiligen Kästchen (hier: 5 Stück). Wir fügen nun die Anzahl der Kästchen im Tabellenblatt *RECHNUNG* als Spalten hinzu, es werden also insgesamt fünf neue Spalten eingefügt – und zwar rechts neben der Spalte „F04". Den Befehl können wir durch die [F4]-Taste wiederholen. Anschließend beschriften wir die eingefügten Spalten. Man sollte dabei einen eindeutigen Namen wählen, sodass man schon anhand der Benennung die Ausprägung erkennt – zum Beispiel eine Abkürzung aus den Antwortmöglichkeiten, wie „F04-ERW-G" (für Frage 4, erwerbstätig, ganztags) usw. (also zum Beispiel: F04-ERW-G, F04-ERW-H, F04-ERW-N, F04-N-ERW, F04-KA). Danach verknüpfen wir die jeweiligen Kontrollkästchen mit ihren Ausgabezellen (vgl. Abb. 7.14).

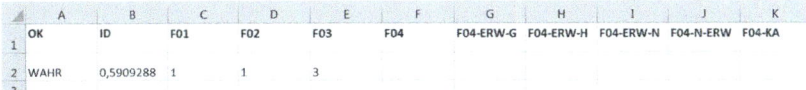

Abb. 7.14 Frage 4: Erweiterung der Spalten

Bei dieser Frage bzw. deren Antworten kann man eine Rangordnung unterstellen (unsere Daten sind hier *ordinal-skaliert*), denn jemand der hauptberuflich und ganztags tätig ist, arbeitet mehr als jemand, der nur halbtags beschäftigt ist usw.

Wir werden diese Rangordnung nun in die Spalte „F04" (und dort in Zelle „F2") übertragen, nämlich mithilfe einer *Wenn*-Funktion.[63] Eine solche *logische* Funktion überprüft, ob bestimmte Bedingungen erfüllt sind (oder nicht) und gibt zum Beispiel vorher festgelegte Werte zurück (vgl. Abschnitt 3.2.4). In unserem Fall haben wir vier für uns interessante Antworten und eine, die letztlich nicht mit in die Auswertung einbezogen wird („keine Angabe"). Wir überprüfen also fünf Bedingungen und die Syntax der Funktion sieht daher wie folgt aus:

```
=WENN(G2=WAHR;4;WENN(H2=WAHR;3;WENN(I2=WAHR;2;WENN(J2=
WAHR;1;WENN(K2=WAHR;99;0)))))
```

Mit dieser Funktion können wir nun die logischen Werte „WAHR/FALSCH" in numerische Werte umwandeln. Wir nutzen hier eine verschachtelte Funktion, die in Zelle „F2" nun einen bestimmten Zahlenwert zurückgibt, sobald in einer der anderen Zellen der Wert *Wahr* angezeigt wird.[64] Frage 5 wird nun genauso bearbeitet, auch hier fügen wir Spalten hinzu (3 Stück), vergeben diesen Namen (in Zelle M2: „F05-BEF"; in N2: „F05-UNBEF"; in O2: „F05-KA") und erstellen eine *Wenn*-Funktion:

```
=WENN(M2=WAHR;1;WENN(N2=WAHR;2;WENN(O2=WAHR;99;0)))
```

7.4.3.3 Sektion 4 verknüpfen

Etwas aufwändiger wird es nun bei der nächsten Sektion, der *Sektion 4*. Dort finden wir vier Meinungsäußerungen wieder, die auf einer 4er-Skala eingeschätzt werden sollen, das heißt wir müssen 4x4 Spalten einfügen, da wir 16 Kontrollkästchen eingesetzt haben. Zusätzlich wollen wir erneut für jede Meinung eine *Wenn*-Funktion einsetzen, sodass wir neben den 16 Spalten, zusätzlich noch 3 Spalten einfügen (eine Spalte mit „F06" haben wir schon und nutzen diese für die erste Meinung). Zur Kontrolle: Insgesamt benötigen wir für diese Sektion also 20 Spalten (vgl. Tab. 7.7).

---

63 Die Umsetzung ist natürlich sehr umständlich und könnte durch ein *Kombinationsfeld* vereinfacht werden.

64 Eine Erweiterung bestünde darin, zusätzlich noch *Und*-Operatoren zu verwenden, die sicherstellen, dass keine Mehrfachauswahl getätigt wurde. Nehmen wir an, in Zelle „G2" *Wahr* stünde und in allen anderen Zellen („H2",...) der Wert *Falsch* – nur dann sollte auch Ziffer „4" in Zelle „F4" ausgegeben werden. Exemplarisch würde der Code dann für die Zelle „G2" lauten: =WENN(UND(G2=WAHR; H2=FALSCH; I2=FALSCH; J2=FALSCH; K2=FALSCH); 4; „Fehler: Mehrfachauswahl"). Ich danke an Elisa Thieme für diesen Hinweis.

7.4 Zellverknüpfungen hinzufügen

Tab. 7.7 Frage 6: Spaltenbereiche und ihre Beschriftungen

Spalten	Beschriftung				
P:T	F06-01	F06-01-01	F06-01-02	F06-01-03	F06-01-04
U:Y	F06-02	F06-02-01	F06-02-02	F06-02-03	F06-02-04
Z:AD	F06-03	F06-03-01	F06-03-02	F06-03-03	F06-03-04
AE:AI	F06-04	F06-04-01	F06-04-02	F06-04-03	F06-04-04

Die Beschriftungen wählen wir diesmal so, dass Excel sie uns automatisch ergänzt. Nehmen wir die Zelle „P1", dort befindet sich ursprünglich die Beschriftung „F06". Diese ändern wir in „F06-01", weil hier (bzw. in der Zelle darunter) später der erste ‚Meinungswert' mithilfe der *Wenn*-Funktion ausgegeben werden soll. Die Beschriftungen der Einzelwerte werden in die vier daneben befindlichen Zellen eingegeben (und die jeweiligen Zellverknüpfungen ebenfalls darunter). Hier müssen wir jedoch nur „F06-01-01" eingeben und das grüne Quadrat am Rande der Zellmarkierung gedrückt halten und drei Zellen nach rechts ziehen – diese werden dann automatisch und numerisch ansteigend gefüllt. Diesen Vorgang wiederholen wir nun für den Rest.

Anschließend gehen wir letztlich genauso vor, wie im vorherigen Abschnitt. Wir erstellen die Zellverknüpfungen und die entsprechenden *Wenn*-Funktionen. Wir müssen diese Funktion jedoch nur einmal schreiben, denn sie lässt sich in die drei anderen Zellen kopieren; Excel übernimmt dann die relativen Bezüge, das heißt das Programm wandelt die Zellverweise automatisch für uns um. Wir müssen jedoch darauf achten, nicht die Formel aus der Bearbeitungsleiste, sondern die jeweilige Zelle zu kopieren – wir kopieren also Zelle „P2" und fügen damit den Wert sowie automatisch auch die Funktion in die anderen Zellen ein. Die Syntax der jeweiligen Funktionen findet sich in Tab. 7.8.

Tab. 7.8 Syntax der Wenn-Funktion in Sektion 4 des Fragebogens

Zelle	Wenn-Funktion
P2	=WENN(Q2=WAHR;1;WENN(R2=WAHR;2;WENN(S2=WAHR;3;WENN(T2=WAHR;4;0))))
U2	=WENN(V2=WAHR;1;WENN(W2=WAHR;2;WENN(X2=WAHR;3;WENN(Y2=WAHR;4;0))))
Z2	=WENN(AA2=WAHR;1;WENN(AB2=WAHR;2;WENN(AC2=WAHR;3;WENN(AD2=WAHR;4;0))))
AE2	=WENN(AF2=WAHR;1;WENN(AG2=WAHR;2;WENN(AH2=WAHR;3;WENN(AI2=WAHR;4;0))))

7.4.3.4 Sektion 5 verknüpfen

In *Sektion 5* befinden sich Frage 7 und 8. Die Antwort der siebten Frage wird durch eine *Bildlaufleiste* umgesetzt, das heißt wir benötigen hier keine weiteren Spalten, weil direkt Zahlenwerte ausgegeben werden und die Ausgabe direkt unter die Beschriftung „F07" gesetzt werden kann (also in Zelle „AJ2"). Für die achte Frage müssen wir wiederum Spalten hinzufügen, insgesamt haben wir sieben *Kombinationsfelder* vorgegeben, somit benötigen wir auch sieben Spalten. Eine Spalte haben wir bereits, das heißt wir fügen noch sechs weitere hinzu. Der Bereich für die Ausgabewerte der Frage 8 umspannt somit die Zellen „AK:AQ" (die Verknüpfungen werden entsprechend von „AK2" bis „AQ2" eingefügt). Die Bezeichnung „F08" benennen wir einfacherweise in „F08-01" um und ziehen die Beschriftung wieder über die restlichen, leeren Zellen (Excel ergänzt demnach wieder automatisch von „F08-01" bis „F08-07"). Anschließend verknüpfen wir unsere Kombinationsfelder wie gehabt – in den Ausgabezellen müssten nun Zahlenwerte erscheinen, sobald wir eine Auswahl treffen.

7.4.3.5 Sektion 6 verknüpfen

Im Anschluss verknüpfen wir *Sektion 6*, bestehend aus den Fragen 9 und 10. Das Vorgehen ist nahezu identisch mit dem vorangegangen Abschnitt. Die Zellverknüpfung für die *Bildlaufleiste* der neunten Frage können wir direkt in die Zelle unter „F09" erstellen. Für die zehnte Frage haben wir insgesamt vier Bildlaufleisten eingesetzt. Hier benötigen wir also zusätzlich noch drei Spalten (eine haben wir schon), die wir wie im obigen Beispiel benennen („F10-01" bis „F10-04"). Anschließend verknüpfen wir auch hier alle Elemente jeweils mit den dazugehörigen Ausgabezellen (*Rechtsklick → Steuerelement Formatieren*).

7.4.3.6 Sektion 7 verknüpfen

Damit sind wir bei der letzten Sektion angelangt. Insgesamt finden wir in der *Sektion 7* fünf Steuerelemente vor, die wir verknüpfen müssen, das heißt wir benötigen dafür fünf Zellen und müssen vier Stück ergänzen. Wobei „ergänzen" in dem Fall eher darin besteht, die Beschriftung einfach nach rechts zu erweitern (von Zelle „AW" bis „AB"):

```
F11-AGE, [F11-Sex], F11-SEX-M, F11-SEX-W, F11-SEX-S, F11-INCOME
```

Zusätzlich wollen wir noch eine Spalte einfügen um die Variable *Geschlecht* zu gruppieren, wir nennen sie einfach „F11-SEX" und fügen sie rechts neben „F11-AGE" ein. In die zweite Zeile dieser neuen Spalte fügen wir wiederum eine *Wenn*-Funktion ein, um die logischen Werte in numerische umzuwandeln:

```
=WENN(AY2=WAHR;1;WENN(AZ2=WAHR;2;WENN(BA2=WAHR;3;0)))
```

Nun müssen wir noch die Variablen *Alter* und *Einkommen* verknüpfen, indem wir jeweils eine einfache *Zellverknüpfung* mithilfe des Gleichheitszeichens verwenden und mit ihrer Hilfe auf den dazugehörigen Quellort verweisen (Alter: =FRAGEBOGEN!G356; Einkommen: =FRAGEBOGEN!Y356). Damit haben wir alle notwendigen Zellen verknüpft. Als nächstes generieren wir die *Ergebniszeile*, die dazu dient, die Antworten (bzw. das numerische Relativ) später in unser Arbeitsblatt *ERGEBNISSE* zu überführen.

7.5 Die Ergebniszeile generieren

Die *Ergebniszeile* wird benötigt, weil einige Ausgabewerte noch umgewandelt werden müssen, zum Beispiel die logischen Werte *Wahr* und *Falsch* in „1/0" usw. Hierzu dient die Ergebniszeile, deren Werte später durch Kopieren in unseren Datensatz gelangen. Die Zeile besteht letztlich aus einfachen Verknüpfungen, *Wenn*-Funktionen sowie Spaltenverweisen (*Sverweis*). Die Ergebniszeile schreiben wir in Zeile 4 des Arbeitsblattes *RECHNUNG*, wir lassen also aus Gründen der Übersicht zwischen den Werten eine Zeile frei.

7.5.1 Wenn-Funktionen einfügen

Alle *logischen Werte* können nach demselben Prinzip umgewandelt werden, das heißt wir schreiben die *Wenn*-Funktion lediglich einmal und kopieren sie dann in die jeweiligen Zellen (so wie in Abschnitt 7.4.3.3). Wir suchen uns also alle Zellen, die mit Kontrollkästchen verknüpft sind, die wir daran erkennen, dass entweder „WAHR" oder „FALSCH" in den jeweiligen Zellen steht.[65] Die erste Verknüpfung findet sich in Zelle „A2" des Blattes *RECHNUNG*. Wir schreiben daher die folgende Funktion in Zelle „A4":

```
=WENN(A2=WAHR;1;0)
```

---

65 Dies ist dann der Fall, sobald das Kästchen mindestens einmal an- bzw. abgewählt wurde. Wurde dies noch nicht getan, so stünde die Ausgabezelle leer.

Da die Ausgabe des Kontrollkästchens *binär* (bzw. dichotom) ist, benötigen wir nur eine einfache *Wenn*-Funktion. Nur dann, wenn in der Zelle „WAHR" steht, soll eine „1" geschrieben werden, sonst eine „0". Sollte das Feld also noch nicht aktiviert worden sein, so stünde ebenfalls eine „0". Wir markieren nun die Zelle „A4" und kopieren sie mittels der Tastenkombination [STRG]+[C]. Anschließend markieren wir bei gedrückter [STRG]-Taste alle Zellen, die ebenfalls mit *Kontrollkästchen* verknüpft worden sind und fügen die Kopie der Zelle „A4" mittels [STRG]+[V] dort hinein (also die Bereiche „G4:K4", „M4:O4", „Q4:T4", „V4:Y4", „AA4:AD4", „AF4:AI4" sowie „AY4:BA4").

7.5.2 Einfache Zellverknüpfungen erstellen

Für drei Zellverknüpfungen übernehmen wir die Inhalte aus der zweiten Zeile, nämlich für unsere *ID* (der Wert aus „B2") sowie den *Textfeldern* der Variablen *Alter* („AW2") und *Einkommen* („BB2"). Hierzu schreiben wir einfach ein Gleichheitszeichen in die jeweilige Zelle („B4", „AW4" sowie „BB4") und schreiben den Zellbezug entweder direkt hinein oder klicken auf den jeweiligen Quellort. Die Werte der *Bildlaufleisten* können wir ebenfalls übernehmen, das heißt die Werte aus den Fragen 9 und 10. Auch hier können wir die Werte durch einfache Verknüpfungen einfügen. Außerdem gibt es Zellen, die wir zusätzlich eingefügt haben, zum Beispiel „F11-SEX", auch hier können wir die Inhalte übernehmen. Einzig bei den Fragen 1, 2, 3 und 8 können wir das nicht, hier benötigen wir die Funktion *Sverweis*.

7.5.3 SVERWEIS einfügen: Werte umpolen

Wir erinnern uns, dass wir die Werte aus den Fragen 1, 2, 3 sowie 8 umpolen, das heißt ihre Richtung ändern wollten, da ein *Kombinationsfeld* die Listenposition ausgibt und diese Positionen noch umgekehrt zu den Wertigkeiten unserer Antworten sind. Mit der Funktion *Sverweis* (sprich: *Spaltenverweis*) können wir dies leicht ändern. Ein Spaltenverweis besteht insgesamt aus vier Elementen: dem *Suchkriterium*, der *Matrix*, dem *Spaltenindex* und dem *Bereich_Verweis* (vgl. Abschnitt 3.2.5). Gehen wir nun als erstes zur Frage 1 und geben in Zelle „C4" folgendes ein:

```
=SVERWEIS(C2;LISTEN!$A$1:$B$8;2;0)
```

Die Formel besagt nun: *Excel, suche das Element aus Zelle „C2" in einer Werte-Matrix, die sich im Arbeitsblatt LISTEN befindet und den Bereich „A1:B8" umfasst und gib genau das Element zurück (Bereich_Verweis = 0), das sich in der zweiten Spalte („B") neben dem gesuchten Wert befindet.* Manuell würde der Vorgang zum Beispiel so aussehen: Nehmen wir an, in Zelle „C2" würde der Wert „2" geschrieben stehen. Wir schauen nun in unser *LISTEN*-Arbeitsblatt und suchen in Spalte „A" (POS) diesen Wert. Haben wir den Wert gefunden, gehen wir eine Spalte nach rechts (UMPOL) und sehen dort wiederum den Wert „4". Diesen wählen wir nun aus und schreiben ihn in Zelle „C4" – nichts anderes macht die Funktion *Sverweis*. Wichtig ist, dass wir die Matrix *absolut* setzen (mithilfe der Dollarzeichen), da sich diese nicht verändern soll, es jedoch beim Kopieren täte. Anschließend kopieren wir erneut die Ausgangszelle („C4"), markieren die Zielzellen (also die Zellen der Fragen 2, 3 und 8) und fügen die Formel dort hinein. Damit haben wir die Erstellung der Ergebniszeile abgeschlossen. Diese wollen wir nun in unser Arbeitsblatt *ERGEBNISSE* überführen – hierzu schreiben wir *Makros*.

7.6 Makros erstellen und mit Steuerelementen verbinden

Makros sind kleine Programme, die vorgegebene Arbeitsabläufe wiederholen (vgl. Kapitel 4). Ein solcher Vorgang ist unter anderem das Speichern der Ergebniszeile, oder das Löschen aller Eintragungen unseres Fragebogens. Unser Datensatz besteht im Grunde genommen aus zahlreichen Ergebniszeilen, die „übereinander" abgelegt bzw. gespeichert werden. Somit benötigen wir dieselbe Kopfzeile wie in unserem Blatt *RECHNUNG*. Wir kopieren also einfach die erste Zeile dieses Blattes in das Blatt *ERGEBNISSE*. Anschließend hinterlegen wir die eingefügten Zellen mit einer Hintergrundfarbe und formatieren die Schrift „fett" – dadurch lässt sich der Tabellenkopf besser von den anderen Zellen bzw. Zeilen abgrenzen. Zudem fixieren wir die oberste Zeile, damit sie später sichtbar bleibt, sollten viele Daten in unserem Datensatz vorhanden sein (*Ansicht → Fenster → Fenster fixieren*).

Beginnen wir nun mit der Erstellung der Makros. Diese können entweder aufgenommen oder selbst geschrieben werden. Wir werden uns hier zunächst auf die Aufnahme eines Makros konzentrieren. Da ein Makro letztlich nur eine Abfolge von Befehlen ist, müssen wir uns überlegen, welche Befehle ausgeführt werden sollen. Wir benötigen also eine Art *Regieanweisung*.

7.6.1 Makro 1: Ergebnisse speichern

Zunächst wollen wir unsere Ergebnisse speichern. Stellen wir uns dazu den Ablauf einmal vor: Die Ergebniszeile soll von dem einen Arbeitsblatt in das andere kopiert werden. Wir benötigen letztlich die ‚reinen' Werte, das heißt alle Formatierungen und Funktionen sollen bei dem Kopiervorgang ignoriert bzw. gelöscht werden, sodass nur die Zahlenwerte übernommen werden. Hierfür bietet Excel die Kopierfunktion „Werte" an (*Start* → *Einfügen* → *Werte einfügen* → *Werte;* vgl. auch Abb. 6.19). Des Weiteren soll Excel genau „wissen", aus welchen Arbeitsblättern kopiert werden soll, das heißt wir müssen die Arbeitsblätter direkt anwählen. Die folgenden Schritte müssen wir deshalb vollziehen:

1. Wir gehen in ein beliebiges Arbeitsblatt, nur nicht „Ergebnisse" und aktivieren die Makro-Aufnahme
2. Arbeitsblatt „Ergebnisse" aufrufen
3. Zeile „2" mit einem Rechtsklick an- und „Zelle einfügen" auswählen
4. Arbeitsblatt „Rechnung" aufrufen
5. Ergebniszeile mittels [STRG]+[UMSCHALT]+[→] anwählen (entspricht Bereich „A4:BB4")
6. Ergebniszeile durch [STRG]+[C] kopieren
7. Arbeitsblatt „Ergebnisse" aufrufen
8. Zelle „A2" anwählen
9. Ergebniszeile mit „Werte einfügen" einfügen
10. Makro-Aufnahme stoppen

Nachdem wir die Aufnahme gestoppt haben, öffnen wir mithilfe der Tastenkombination [ALT]+[F11] den VB-Editor. Den *Programmcode* unseres Makros finden wir nun im *Projekt-Explorer* unter *Module* („Modul 1"), mit einem Doppelklick darauf gelangen wir zum Codefenster, in dem sich der Code letztlich befindet (vgl. Tab. 7.9).

7.6 Makros erstellen und mit Steuerelementen verbinden

Tab. 7.9 Fragebogen: Makro zum Speichern der Ergebniszeile

	Makro1: Speichern der Ergebniszeile
1	Sub Makro1()
2	'
3	' Makro1 Makro
4	'
5	
6	'
7	Sheets("ERGEBNISSE").Select
8	Rows("2:2").Select
9	Selection.Insert Shift:=xlDown, CopyOrigin:=xlFormatFromLeftOrAbove
10	Sheets("RECHNUNG").Select
11	Range("A4").Select
12	Range(Selection, Selection.End(xlToRight)).Select
13	Selection.Copy
14	Sheets("ERGEBNISSE").Select
15	Range("A2").Select
16	Selection.PasteSpecial Paste:=xlPasteValues, Operation:=xlNone, SkipBlanks _ :=False, Transpose:=False
17	End Sub

Dieses Makro werden wir nun noch etwas verändern, das heißt Codezeilen kürzen und zusammenführen, um den Code übersichtlicher und ‚schlanker' zu gestalten (außerdem ist es eine gute Übung, VBA zu verstehen). Zunächst vergeben wir dem Makro einen eindeutigen Namen, wir überschreiben also „Makro1" (Zeile 1) und benennen es um, zum Beispiel in „Speichern" oder „Save". Als nächstes reduzieren wir die Kommentare (Zeilen 2-4, 6) auf eine einzige Kommentarzeile und schreiben „Makro zum Speichern des Fragebogens" in Zeile 2. Anschließend ‚kürzen' wir die *Methode Select* und das *Objekt Selection*, sodass wir zum Beispiel die *Insert*-Methode direkt an das jeweilige Objekt (hier „Rows") anfügen. Dies ist ebenfalls für die Methode *Copy* möglich. Außerdem können wir Objekte miteinander „verbinden", das heißt wir können *Rows(„2:2")* direkt an *Sheets(„ERGEBNISSE")* schreiben. Zudem geben wir den genauen Zellbereich an, der kopiert werden soll, in dem Fall *Range(„A4:BB4")*, da wir uns so auch Zeilen sparen können. Des Weiteren müssen wir noch den Befehl *CopyOrigin* ändern. Derzeit gibt er an, dass Excel das Format der Zelle darüber oder von links wählen soll. Wir hatten unsere erste Zeile, unseren Tabellenkopf, formatiert. Wir wollen jedoch unformatierte Werte übernehmen, die wir aus der unteren Zeile erhalten, sodass wir „LeftOrAbove" in „RightOrBelow" umschreiben müssen (vgl. Tab. 7.10).

Tab. 7.10 Fragebogen: Makro zu Speichern der Ergebniszeile (editiert)

Makro 1: Speichern der Ergebniszeile (editiert)
1 Sub Speichern()
2 'Makro zum Speichern des Fragebogens
3 Sheets("ERGEBNISSE").Rows("2:2").Insert Shift:=xlDown, _   CopyOrigin:=xlFormatFromRightOrBelow
4 Sheets("RECHNUNG").Range("A4:BB4").Copy
5 Sheets("ERGEBNISSE").Range("A2").PasteSpecial Paste:=xlPasteValues
6 End Sub

7.6.2 Makro 2: Eingaben löschen / Neuer Fragebogen

Der nächste Schritt ist nun, die Eingaben des Fragebogens zu löschen, um einen neuen bzw. leeren Fragebogen zu erhalten. Hierzu müssen wir die Werte im Arbeitsblatt *RECHNUNG* löschen. Es gilt dabei jedoch folgendes zu beachten: Alle Verknüpfungen der *Steuerelemente* werden im Arbeitsblatt *RECHNUNG* gelöscht; alle *Textfelder* müssen im *FRAGEBOGEN* gelöscht werden. Deshalb werden wir die Makros zunächst getrennt aufnehmen und später zusammenfügen.

7.6.2.1 Textfelder löschen

Wir beginnen mit den *Textfeldern*, die sich in unserer *Sektion 7* befinden, nämlich den Variablen *Alter* sowie *Einkommen*, und überlegen uns hierzu erneut die ‚Regieanweisung':

1. Wir gehen in ein beliebiges Arbeitsblatt, nur nicht „Fragebogen" und aktivieren die Makro-Aufnahme
2. Arbeitsblatt „Fragebogen" aufrufen
3. Alle Textfeld-Zellen mit gedrückter [STRG]-Taste markieren
4. Zellinhalt mittels [ENTF]/[DEL]-Taste löschen
5. Makro-Aufnahme stoppen

Nach der Aufnahme finden wir das Makro wieder unter *Module* (vgl. Tab. 7.11). Wir sehen, dass im Arbeitsblatt *FRAGEBOGEN* zwei Zellverbünde ausgewählt worden sind, deren Inhalte anschließend gelöscht werden.

Tab. 7.11 Fragebogen: Makro zum Löschen der Textfelder

	Makro 2a: Textfelder löschen
1	Sub Makro2()
2	'
3	' Makro2 Makro
4	'
5	
6	'
7	Sheets("FRAGEBOGEN").Select
8	Range("G356:H356,Y356:AB356").Select
9	Selection.ClearContents
10	End Sub

Wir editieren nun das Makro und löschen erneut unnötigen Zeilen (vgl. Tab. 7.12).

Tab. 7.12 Fragebogen: Makro zum Löschen der Textfelder (editiert)

	Makro 2a: Textfelder löschen (editiert)
1	Sub DelText()
2	'Makro zum Löschen der Textfelder
3	Sheets("FRAGEBOGEN").Range("G356:H356,Y356:AB356").ClearContents
4	End Sub

7.6.2.2 Eingaben der Steuerelemente löschen

Als nächstes wollen wir alle Eingaben der *Steuerelemente* löschen. Diese entfernen wir im Blatt *RECHNUNG*. Achtung: Hierbei ist zu beachten, dass auch *nur* die Steuerelemente und nicht die *Wenn*-Funktionen sowie Spaltenverweise gelöscht werden! Hilfreich ist es daher, sich vorher die zu löschenden Elemente farbig zu markieren (zum Beispiel indem man die Schrift „rot" einfärbt). Die Anweisung lautet nun:

1. Wir gehen in ein beliebiges Arbeitsblatt, nur nicht „Rechnung" und aktivieren die Makro-Aufnahme
2. Arbeitsblatt „Rechnung" aufrufen
3. Steuerelement-Zellen mit gedrückter [STRG]-Taste markieren
4. Zellinhalt mittels [ENTF]/[DEL]-Taste löschen
5. Makro-Aufnahme stoppen

Im VB-Editor findet sich nun das dritte Makro (vgl. Tab. 7.13; der Code kann etwas abweichen, je nachdem, wie man sich im Arbeitsblatt „bewegt", denn auch dies wird aufgezeichnet).

Tab. 7.13 Fragebogen: Makro zum Löschen der Steuerelemente

	Makro 2b: Steuerelemente löschen
1	Sub Makro3()
2	'
3	' Makro5 Makro
4	'
5	
6	'
7	Sheets("RECHNUNG").Select
8	Range("A2,A2,C2:E2,G2:K2,M2:O2").Select
9	Range("M2").Activate
10	ActiveWindow.SmallScroll ToRight:=8
11	Range("A2,A2,C2:E2,G2:K2,M2:O2,Q2:T2").Select
12	Range("Q2").Activate
13	ActiveWindow.SmallScroll ToRight:=7
14	Range("A2,A2,C2:E2,G2:K2,M2:O2,Q2:T2,V2:Y2,AA2:AD2").Select
15	Range("AA2").Activate
16	ActiveWindow.SmallScroll ToRight:=10
17	Range("A2,A2,C2:E2,G2:K2,M2:O2,Q2:T2,V2:Y2,AA2:AD2,AF2:AV2,AY2:BA2").Select
18	Range("AY2").Activate
19	Selection.ClearContents
20	End Sub

Hier werden nun viele Schritte wiederholt, die letztlich ‚unnötig' sind. Wichtig ist die Codezeile 17, in der alle Zellmarkierungen vorhanden sind. Wir löschen daher wieder den überflüssigen Programmcode und reduzieren das Makro auf nur wenige Codezeilen (vgl. Tab. 7.14).

Tab. 7.14 Fragebogen: Makro zum Löschen der Steuerelemente (editiert)

Makro 2b: Steuerelemente löschen (editiert)
1 Sub DelElements()
2 'Steuerelemente des Fragebogens löschen
3 Sheets("RECHNUNG").Range("A2,C2:E2,G2:K2,M2:O2,Q2:T2,-V2:Y2,AA2:AD2,AF2:AV2,AY2:BA2").ClearContents
4 End Sub

7.6.2.3 Makros zusammenführen

Anschließend führen wir nun die beiden Makros zusammen, indem wir den Code in eine neue Sub-Prozedur schreiben. Im VB-Editor geben wir dazu eine neue Sub-Prozedur ein, zum Beispiel mit dem Namen „Delete" und fügen dort unsere beiden Codezeilen hinzu (vgl. Tab. 7.15).

Tab. 7.15 Fragebogen: Zusammengeführtes Makro

Makro 2: Textfelder und Steuerelemente löschen (final)
1 Sub Delete()
2 Sheets("FRAGEBOGEN").Range("G356:H356,Y356:AB356").ClearContents
3 Sheets("RECHNUNG").Range("A2,C2:E2,G2:K2,M2:O2,Q2:T2,V2:Y2,AA2:AD2, AF2:AV2,AY2:BA2").ClearContents
4 End Sub

7.6.2.4 Finales Makro: Speichern und Löschen

Damit letztlich nur eine *Schaltfläche* betätigt werden muss, ist es sinnvoll, beide Vorgänge miteinander zu verbinden (Speichern und Löschen). Wir schreiben dazu nachfolgend ein Makro, das beide Prozeduren integriert. Das ist gar nicht schwer, denn auch hier fügen wir den bisherigen Programmcode zunächst einfach in eine neue Prozedur ein (vgl. Tab. 7.16).[66] Nach dem Einfügen der beiden Codebausteine müssen wir unseren Code noch um zwei Befehle ergänzen. Der erste Befehl dient dazu, wieder in den Fragebogen zu wechseln, denn laut Prozedur (Zeile 8) befinden wir uns vorher im Arbeitsblatt *RECHNUNG*. Ein Blattwechsel wird deshalb notwendig, sprich wir müssen noch das Blatt *FRAGEBOGEN* aktivieren (Zeile 10). Der zweite Befehl dient wiederum dazu, später genau an den Anfang des Fragebogens zu

---

[66] Noch einfacher wäre es, die beiden Prozeduren via *Call*-Befehl zu integrieren. Hierzu schreibt man zum Beispiel den Programmcode *Call Speichern* um das Makro „Speichern" aufzurufen.

springen (Zeile 11). Wir befinden uns zwar nun laut Prozedur wieder im Fragebogen, jedoch an seinem Ende. Wir geben daher den Befehl *ActiveWindow.SmallScroll* ein, zum Beispiel mit dem Wert „999". Dieser Wert kann auch kleiner gewählt werden, muss in unserem Fall jedoch mindestens „400" betragen, da dies der Wert wäre, um erneut auf Zeile 1 zu springen (die Sektion 0b hat als oberste Zeile 401). Mit einem erhöhten Wert gehen wir jedoch sicher, dass Excel auch wirklich bei Zeile 1 ankommt, weil dies für das Funktionieren unserer Navigation notwendig ist.[67]

Tab. 7.16 Fragebogen: Finales Makro zum Speichern und Löschen

	Finales Makro: Speichern und Löschen
1	Sub SaveAndDelete()
2	'Makro zum Speichern des Fragebogens
3	Sheets("ERGEBNISSE").Rows("2:2").Insert Shift:=xlDown, CopyOrigin:=xlFormatFromRightOrBelow
4	Sheets("RECHNUNG").Range("A4:BB4").Copy
5	Sheets("ERGEBNISSE").Range("A2").PasteSpecial Paste:=xlPasteValues
6	'Makro zum Löschen der Inhalte
7	Sheets("FRAGEBOGEN").Range("G356:H356,Y356:AB356").ClearContents
8	Sheets("RECHNUNG").Range("A2,C2:E2,G2:K2,M2:O2,Q2:T2,V2:Y2,AA2:AD2, AF2:AV2,AY2:BA2").ClearContents
9	'Fragebogen aufrufen und oben beginnen
10	Sheets("Fragebogen").Activate
11	ActiveWindow.SmallScroll Up:=999
12	End Sub

Die Erstellung unseres Makros ist nun abgeschlossen. Später muss man also nur eine Schaltfläche betätigen, um den Fragebogen zu speichern, die Auswahl bzw. die Inhalte zu löschen und an den Anfang des Fragebogens zu springen. Dazu müssen wir jedoch die Schaltfläche noch mit unserem Makro verbinden.

7.6.2.5 Makro und Schaltfläche verbinden

In *Sektion 0b*, das heißt am Ende des Fragebogens, fügen wir nun eine *Schaltfläche* hinzu, die wir mit „Speichern und Beenden" beschriften. Wir positionieren das Steuerelement nun bei gedrückter [ALT]-Taste zum Beispiel in den Bereich „M405:T406"

---

[67] Die ProbandIn könnte zum Beispiel gescrollt haben und man käme dann mit dem Wert „400" nicht mehr direkt zur ersten Zeile. Excel kann letztlich nur bis maximal zur ersten Zeile scrollen, deshalb sind hohe Werte sinnvoll und müssen nicht mit der tatsächlichen „Strecke" übereinstimmen.

(also über zwei Zeilen und acht Spalten, zentriert im Fragebogen). Anschließend werden wir aufgefordert, ein Makro für die Schaltfläche auszuwählen – hier können wir auf unser Makro „SaveAndDelete" zurückgreifen. Anschließend testen wir die Funktion der Schaltfläche und sollten nun zum Anfang des Fragebogens gelangen (außerdem wurde der erste Fall im Datensatz angelegt).

Am Beginn angekommen finden wir unser *Kontrollkästchen* wieder, das für die Zustimmung zur Datenverwendung durch die TeilnehmerIn vorgesehen ist. Dieses werden wir uns nun zu Nutze machen und die Befragung nur bei Einwilligung beginnen lassen.

7.6.3 Makro 3: Befragung nur bei Zustimmung beginnen lassen

Ein Klick auf die *Schaltfläche* „Befragung beginnen" soll nur dann zur ersten Frage führen, wenn das *Kontrollkästchen* aktiviert ist. Daher setzen wir eine Wenn-Dann-Schleife ein (if-then-else), die bestimmte Bedingungen und Aktionen definiert. Nach dem Betätigen der Schaltfläche sind zwei Aktionen denkbar: Falls die Person zugestimmt hat (*If*), wird sie zur ersten Frage weitergeleitet (*Then*). Hat die Person nicht zugestimmt (*Else*), erscheint ein Dialog-Fenster mit dem Hinweis, „Sie müssen der Datenverwendung zustimmen" (vgl. Tab. 7.17).

Tab. 7.17 Fragebogen: Makro zur Einwilligung

	Makro: Einwilligung zur Befragung
1	Sub Agreement()
2	If Worksheets("RECHNUNG").Range("A2").Value = True Then
3	ActiveWindow.SmallScroll Down:=50
4	Else: MsgBox ("Sie müssen der Datenverwendung zustimmen")
5	End If
6	End Sub

Die Logik hinter unserem Makro ist folgende: Sollte die Person zustimmen, wird in Zelle „A2" unseres Arbeitsblattes *RECHNUNG* der Wert „WAHR" (*True*) ausgegeben. Wir verweisen in unserer *If-Then*-Bedingung also darauf und leiten die Person zur ersten Frage weiter, sobald dieser Wert *True* (bzw. „WAHR") in der Zelle erscheint. Immer dann, wenn dies nicht der Fall ist und die Schaltfläche gedrückt wird („FALSCH"), erscheint das Dialog-Feld (*MsgBox*) mit unserem Hinweistext.

Nachdem wir das Makro erstellt haben, können wir es nun mit der Schaltfläche verbinden (Rechtsklick auf die Schaltfläche → *Makro zuweisen*). Um die Prozedur zu testen, belassen wir das Kontrollkästchen zunächst im deaktivierten Zustand. Nach dem Betätigen der Schaltfläche sollte nun unser Dialog-Feld erscheinen, mit dem Hinweis zur Zustimmung. Wir schließen das Fenster und aktivieren anschließend das Kontrollkästchen. Erneut klicken wir auf die Schaltfläche, wobei wir diesmal zur ersten Frage geleitet werden (genauer: wir scrollen 50 Zeilen nach unten).

7.6.4 Makro 4: Fragebogennavigation erstellen

Im nächsten Schritt wollen wir die *Navigation* des Fragebogens erstellen. Diese besteht aus zwei *Schaltflächen* – „Zurück" (back) und „Weiter" (forward) – mit jeweils einem Makro, das einen Bildlauf nach oben bzw. nach unten durchführt (vgl. Tab. 7.18). Mit der Prozedur führen wir im aktiven Fenster einen Bildlauf um „50" Zeilen nach unten durch (*Down:=50*). Das Makro für die Aufwärtsbewegung kann direkt übernommen werden, wobei man entweder „Down" durch „Up" ersetzt, oder den Wert einfach durch ein Minus-Zeichen umkehrt.

Tab. 7.18 Fragebogen: Makro zur Vorwärts-Navigation

	Makro: Weiter-Schaltfläche
1	Sub Forward()
2	ActiveWindow.SmallScroll Down:=50
3	End Sub

Nachdem wir die beiden Prozeduren geschrieben haben, fügen wir bei gedrückter [ALT]-Taste zwei *Schaltflächen* ein (zum Beispiel mit jeweils drei Zellen Abstand zum seitlichen Rand), die wir jeweils mit dem zugehörigen Makro verbinden und „Zurück" und „Vorwärts" nennen. Sind die Schaltflächen angelegt, selektieren wir beide anschließend mit gedrückter [STRG]-Taste und kopieren sie in die anderen Sektionen.

7.6.5 Makro 5: Filterfrage konfigurieren

Als letztes Makro wollen wir die *Filterfrage* konfigurieren. Filterfragen (synonym: Trichterfragen) werden dazu genutzt, bestimmte Fragen zu überspringen, wenn gewisse Voraussetzungen nicht erfüllt sind. Ein Beispiel: Nehmen wir an, dass bestimmten Personen zusätzliche Fragen gestellt werden sollen, sobald sie in der ehemaligen DDR geboren wurden. Die Filterfrage würde also lauten: „Sind Sie in der ehemaligen DDR geboren?" und hätte eine dichotome Ausprägung, also die Antwortmöglichkeiten „ja/nein". Würde die Antwort „ja" lauten, dann wäre die Person für uns insofern ‚interessant', als wir ihr noch zusätzliche Fragen stellen würden; bei „nein" sollen die Zusatzfragen wiederum übersprungen werden.

In unserer dritten Sektion (Frage 4) haben wir zwei Fragen gestellt, wobei die zweite (Frage 5) nur beantwortet werden soll, wenn die Person angegeben hat, ein Beschäftigungsverhältnis zu haben. Die vierte Frage beinhaltet somit einen Filter. Immer dann also, wenn die Person „nicht erwerbstätig" oder „keine Angabe" angibt, soll Frage 5 übersprungen werden. Eine solche konditionale Aktion haben wir bereits geschrieben, zum Beispiel bei unserem „Zustimmung"-Makro. Hier benötigen wir jedoch keine *if-else*-Schleife, es reicht aus, einen Bildlauf zu programmieren. Haben wir das nicht schon? Ja, das haben wir und dementsprechend können wir unser vorhandenes Makro der „Weiter"-Schaltfläche nutzen und dieses den zwei *Kontrollkästchen* zuweisen (*Rechtsklick → Makro zuweisen*). Folglich wird der Bildlauf immer dann durchgeführt, sobald eines der Kästchen aktiviert wird.

7.7 Design anpassen

Als letzter Schritt kann die Anpassung des Designs erfolgen (vgl. auch Abs. 6.6). Wie man dies umsetzt, hängt letztlich vom individuellen Geschmack ab. Sinnvoll ist es allemal, weil der Befragungsprozess dadurch optimiert werden kann, da sich die TeilnehmerInnen besser im Fragebogen orientieren können. Hier soll jedoch darauf verzichtet werden. Es sei zumindest erwähnt, dass Excel die Möglichkeit bietet, die *Überschriften* (Spalten- und Zeilenbeschriftungen) sowie die *Gitternetzlinien* auszublenden. Somit erhält man eine noch größere, optische Annäherung an einen ‚echten' Fragebogen (vgl. Abb. 7.15). Die jeweiligen Kontrollkästchen, die dazu aktiviert bzw. deaktiviert werden können, finden sich im Hauptregister *Seitenlayout* und dort bei den *Blattoptionen*. Speichert man die Ansicht ab, wird sie beim nächsten Öffnen beibehalten. Diese Option gilt dabei für jedes Tabellenblatt, sodass die Überschriften und Gitternetzlinien in den anderen Blättern noch sichtbar bleiben. Excel bietet außerdem die Möglichkeit an, das *Menüband* auszublenden, entweder indem wir [STRG]+[F1] drücken, oder indem wir die Option in der oberen, rechten Ecke anwählen.

Abb. 7.15 Fragebogen: Anzeige ohne Gitternetzlinien, Menüband und Überschriften

Ausblick: Datenauswertung automatisieren   8

In den vorangegangen Kapiteln und Abschnitten wurde gezeigt, wie man mithilfe von *Excel* Daten erheben kann. Im folgenden Ausblick, der sehr kursorisch gehalten ist, wird nun gezeigt, wie man die *Datenauswertung* automatisieren könnte. Wir haben unsere Daten ja bereits in digitaler Form vorliegen und dieser Umstand ermöglicht es, jene Daten auch gleich automatisiert auszuwerten. Da Microsoft Office-Programme, etwa *Excel* und *Word*, ein gut funktionierendes „Team" bilden, ist es zum Beispiel möglich, *Diagramme* in Excel zu erstellen, die anschließend nach Word kopiert werden. Das ist an sich nichts Besonderes, der wesentliche Vorteil dieser Kombination ist jedoch, dass die Daten des Diagrammes *verknüpft* werden können, sodass eine Änderung in Excel automatisch in Word übernommen bzw. angezeigt wird.[68] Sollten also Zahlenwerte verändert oder dem Datensatz weitere Fälle hinzugefügt werden, dann werden diese automatisch im Diagramm übernommen.

Das erstellte Diagramm muss dazu lediglich mithilfe einer Verknüpfung eingefügt werden, die entweder das Zieldesign übernimmt (*Einfügen* → *„Zieldesign verwenden und Daten verknüpfen"*) oder die Ursprungs-Formatierung beibehält (*Einfügen* → *„Ursprüngliche Formatierung beibehalten und Daten verknüpfen"*). Excel bietet eine Vielzahl von Diagrammtypen an. Welche Diagrammtypen gibt es also und wie verknüpfen wir die Daten?

---

68 Dies gilt jedoch nur für die Daten. Jegliche optische Veränderung (Formatierung) bleibt davon unberührt – dies gilt auch für die Überschriften, Achsenbeschriftungen usw. Es ist eine reine *Datenverknüpfung*.

8.1 Diagrammtypen

Die sicherlich am häufigsten genutzten Diagrammtypen sind *Säulen-, Balken-, Kreis-* oder *Linien*-Diagramme, die jeweils in diversen Ausführungen zur Verfügung stehen und beliebig formatiert werden können. Ein *Punkt-X-Y*-Diagramm ist für SozialwissenschaftlerInnen ebenfalls ein wichtiges Mittel zur Darstellung der Ergebnisse, das oftmals für *Regressionen* genutzt wird. Excel bietet außerdem die Möglichkeit an, sogenannte *Trendlinien* einzufügen, die letztlich nichts anderes sind als Regressionsgeraden. Dabei stehen unter anderem *lineare, exponentiale,* aber auch *logarithmische* sowie *polynomische* Trendlinien zur Verfügung. Zudem lässt sich das Bestimmtheitsmaß R^2 ausgeben sowie die Formel der Regressionsgeraden im Diagramm anzeigen.[69] Grundsätzlich sind also alle wichtigen Diagrammtypen vorhanden. Der Vorteil, im Vergleich zum Statistik-Programm *SPSS*, liegt darin, dass die Diagramme in einfacher Weise formatiert werden können, sowohl optisch, als auch inhaltlich. *Schriften* und *Farben* können ohne großen Aufwand angepasst werden, aber auch die *Veränderungen der Werte* – und deren Veränderung im Diagramm – sind leicht zu vollziehen.

8.2 Daten auswählen und Pivot-Tabellen erstellen

Excel bietet mit den sogenannten *Pivot-Tabellen* die Möglichkeit an, Daten zu gliedern und zusammenzufassen, wodurch die Analyse großer Datenmengen vereinfacht wird. Im Hauptregister *Einfügen* findet sich die entsprechende Option (*Einfügen* → *Tabellen* → *Pivot-Tabelle*). Wir hatten in unserem Codesheet bzw. Fragebogen jeweils das Blatt *ERGEBNISSE* angelegt, das unserem späteren *Datensatz* entspricht. Jede Spalte dieses Datensatzes stellt in einer Pivot-Tabelle eine Einheit dar, die zusammengefasst werden kann. Unsere *Tabellenköpfe* zeichnen diese Einheiten wiederum aus. Zum Beispiel haben wir im Fragebogen die Variable *Geschlecht* genutzt und mithilfe einer Pivot-Tabelle könnte man nun eine Kreuztabelle generieren, die uns

---

69 Für eine genauere Erklärung sei u. a. auf Benker (2014) sowie Meißner & Wendler (2015) verwiesen. In der soziologischen Praxis hat Excel bisher nur teilweise Einzug gehalten, was auch daran liegt, dass es spezielle Programme gibt, die für (wissenschaftliche) statistische Auswertungen entwickelt wurden, wie zum Beispiel *SPSS, Stata* und das kostenlose Programm *R*. Diese Programme bieten von „Haus aus" oftmals mehr Möglichkeiten in der Auswertung, sind aber zum Beispiel in der Darstellung der Ergebnisse umständlicher. Es gilt also die Vor- und Nachteile abzuwägen.

getrennt nach „Geschlecht" zusammenfasst, was das jeweilige dazugehörige mittlere Einkommen ist. Schauen wir uns dazu nachfolgend ein Beispiel an.

8.2.1 Pivot-Tabelle einfügen

Tab. 8.1 Beispiel-Daten für eine Pivot-Tabelle (schematisch)

(Zeile)	Spalte A	Spalte B
1	Geschlecht	Einkommen
2	0	1000
3	1	2000
4	0	3000
5	1	4000
6	0	5000
7	1	6000

Wir erstellen eine einfache Datenmatrix, die uns als Grundlage der *Pivot-Tabelle* dient (vgl. Tab. 8.1). Nach der Eingabe, markieren wir einfach eine Zelle innerhalb der Datenmatrix und fügen anschließend eine Pivot-Tabelle ein (*Einfügen* → *Tabellen* → *Pivot-Tabelle*). Die Auswahl wird dabei automatisch von Excel vorgenommen, wobei eben genau der Zellbereich ausgewählt wird, in dem sich Inhalte befinden.[70] Falls der Bereich nicht richtig vorbestimmt wurde, kann dieser auch manuell gewählt werden. Die Pivot-Tabelle lässt sich grundsätzlich in ein neues Arbeitsblatt einfügen oder in ein bestehendes integrieren (vgl. Abb. 8.1). Es bietet sich jedoch oftmals an, ein neues Arbeitsblatt zu wählen.

---

70 Sollten sich leere Zeilen zwischen den Daten befinden, werden diese als „Trennungen" interpretiert, das heißt die Daten nach der Leerzeile werden *nicht* integriert.

8 Ausblick: Datenauswertung automatisieren

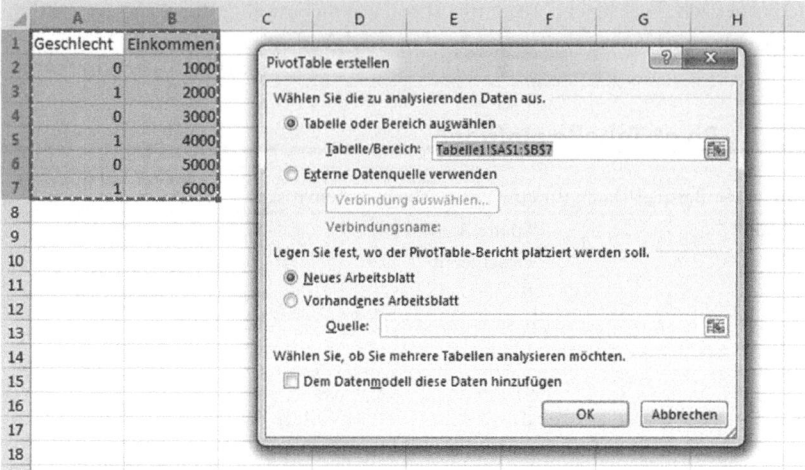

Abb. 8.1   Einfügen einer Pivot-Tabelle

8.2.2 Variablen auswählen und zuordnen

Als nächstes bestimmen wir, welche Variable als Gruppierungsvariable dienen soll, in dem Fall wählen wir die Variable *Geschlecht* und ziehen diese in das *PivotTable-Feld* „Zeilen". Anschließend wiederholen wir diesen Vorgang für unsere Variable *Einkommen*, ziehen diese jedoch in das Feld „Werte" (vgl. Abb. 8.2). Nun wird uns zunächst das gruppierte Summenergebnis ausgegeben. Dieses Ergebnis lässt sich jedoch ändern, sodass das Ergebnis zum Beispiel in Form der *Mittelwerte* angezeigt wird. Die Änderung wird im Menü *Wertfeldeinstellungen* vorgenommen, dass sich im „Werte"-Feld aufrufen lässt und jeweils für eine Variable gilt (kleiner Pfeil neben der Beschriftung im *PivotTable-Feld*).

8.2 Daten auswählen und Pivot-Tabellen erstellen

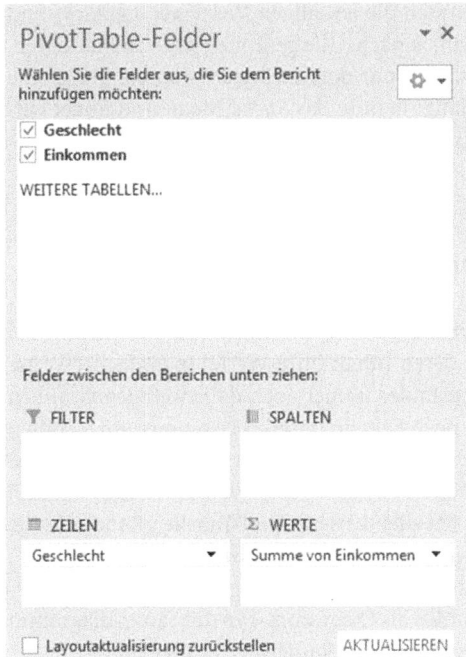

Abb. 8.2 Ansicht der PivotTable-Felder zur Auswahl der Variablen

Die *Zeilenbeschriftungen* innerhalb der *Pivot-Tabelle* lassen sich ebenfalls ändern, das heißt wir könnten die jeweiligen Ausgabewerte – in dem Fall „0" und „1" – in „männlich" bzw. „weiblich" umschreiben. Die Ausgabewerte ergeben sich durch die Beschriftungen bzw. Werte innerhalb des Datensatzes. Im Codesheet hatten wir zum Beispiel die sogenannten „Label"-Kategorien angelegt. Diese lassen sich nun als *Werte* in Pivot-Tabellen nutzen. Der Vorteil besteht darin, dass sie die späteren Beschriftungen bereits vorgeben und zudem auch Auszählungen vorgenommen werden können. Ausprobieren lässt sich dies, indem wir die Werte der Variable *Geschlecht* in unserer Datenmatrix umschreiben (also jede „0" in „männlich" und jede „1" in „weiblich" umcodieren). Anschließend muss die Pivot-Tabelle *aktualisiert* werden. Hierzu markiert man die Pivot-Tabelle. Die *Aktualisierung* wird zum Beispiel mithilfe der Tastenkombination [ALT]+[F5] ausgeführt.[71] Falls der

---

71 Ansonsten könnte man die Aktualisierung im sich öffnenden Reiter *PivotTable-Tools* vornehmen und zwar unter *Analysieren* und anschließend *Aktualisieren*. Die Aktua-

Datensatz sehr groß sein sollte, könnten die jeweiligen Werte auch *gesucht* und *ersetzt* werden. Dabei bietet es sich an, zunächst die gesamte Spalte zu markieren, um sicherzustellen, dass die Werte auch nur dort verändert werden. Durch die Tastenkombination [STRG]+[F] gelangt man in das *Suche*-Menü und findet entsprechend den Reiter „Ersetzen" zur Durchführung der Aktion.

8.3 Pivot-Tabellen für Diagramme nutzen

Diagramme bzw. Grafiken lassen sich nun zum Beispiel mithilfe der Pivot-Tabellen erstellen. Der Vorteil ist, dass man deren Inhalt (ihre Werte) in einfacher Weise aktualisieren kann, wodurch letzten Endes immer auch die jeweiligen Grafiken aktualisiert werden. Gelangen also neue Fälle in unseren Datensatz (oder sollten Rekodierungen nötig und vorgenommen worden sein), reicht es aus, die Pivot-Tabellen zu aktualisieren.

Bleiben wir bei unserem obigen Beispiel: Unsere Pivot-Tabelle gibt jeweils die *Mittelwerte* des Einkommens aus, jeweils gruppiert nach „männlich" und „weiblich". Wir erstellen für diese Werte nun ein *Säulen*-Diagramm (vgl. Abb. 8.3). Dazu markieren wir den Datenbereich und wählen als Diagramm-Typ das Säulendiagramm aus (*Einfügen → Diagramme → Säulendiagramm einfügen*).

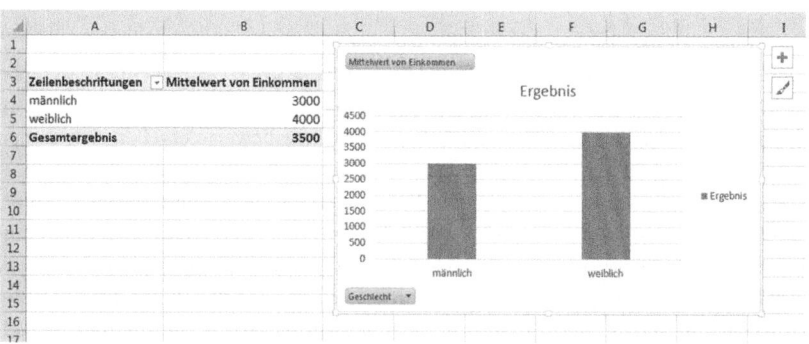

Abb. 8.3 Säulendiagramm (exemplarisch)

lisierung kann dann entweder auf diese eine Tabelle bezogen sein und mithilfe der Kombination [ALT]+[F5] durchgeführt werden; oder alle Pivot-Tabellen adressieren, indem man [STRG]+[ALT]+[F5] betätigt.

8.3 Pivot-Tabellen für Diagramme nutzen

Nachdem das Diagramm eingefügt wurde, kopieren wir es und öffnen Microsoft *Word*. Dort setzen wir das Diagramm als *Verknüpfung* ein (*Start* → *Einfügen* → *Einfügeoptionen*, kleiner Pfeil). Hierbei spielt es erstmal keine Rolle, ob die Formatierung übernommen oder beibehalten werden soll, wichtig ist jedoch die *Verknüpfung*. Mit ihr stellen wir sicher, dass die Daten miteinander verbunden sind und sich auch automatisch aktualisieren, da die verknüpften Werte sozusagen aus der gleichen Quelle stammen.

Im letzten Schritt simulieren wir nun eine Datenveränderung, das heißt wir schreiben einfach einige Werte um – zu Zwecken der Demonstration tauschen wir hier die Werte „1000" und „6000" miteinander aus. Anschließend müssen wir die Pivot-Tabelle aktualisieren. Dazu klicken wir in die Pivot-Tabelle und drücken die Tastenkombination [Alt]+[F5]. Als Ergebnis zeigt sich eine Änderung im Diagramm und zwar in Excel *und* in Word. Die Daten des in Word eingefügten Diagramms lassen sich nun entweder in Excel oder direkt in Word bearbeiten. Das *Kontextmenü* des Diagramms (Rechtsklick) bietet hierzu die Option *Daten bearbeiten*.

***

Liebe/r Leser/in, Sie haben es geschafft und hoffentlich erfolgreich ein *Codesheet* oder einen *Fragebogen* erstellt. Ich hoffe, dass Sie dabei Freude hatten und das Prinzip nun gewinnbringend für Ihre Forschungsvorhaben einsetzen können. Wie Sie in den vorangegangen Kapiteln gesehen haben, ist Excel mehr als nur ein reines Programm zur Tabellenkalkulation, denn es lässt sich ebenfalls sehr gut für sozialwissenschaftliche Forschung einsetzen.

Ziel des Buches war es, aufzuzeigen, wie sich die *Datenerhebung* mithilfe des Programms umsetzen lässt, sowohl für Inhaltsanalysen, als auch für Befragungen. Die Oberfläche von Excel lässt sich kreativ anwenden, indem man sie als große Leinwand interpretiert, die nur darauf wartet, mit Fragen, Kategorien und Variablen gefüllt zu werden. Sozialwissenschaftliche Forschung kann durch automatisierte Häufigkeitsauszählungen, Regressionen oder andere Tests ebenfalls vereinfacht werden. Möglich ist dabei eine deskriptive sowie inferentielle Statistik, die Veränderungen im Datensatz mitvollzieht und gleichsam alle Grafiken (und Tabellen) aktualisiert. Mit Excel lässt sich also quantitative Sozialforschung betreiben, in einem Maße, das kostbare Zeit und wichtige Ressourcen schont.

Literatur

Benker, H. (2014). *Excel in der Wirtschaftsmathematik. Anwendung von Tabellenkalkulationsprogrammen für Studenten, Dozenten und Praktiker.* Wiesbaden: Springer Vieweg.
Brosius, H.-B., Haas, A., & Koschel, F. (2012). *Methoden der empirischen Kommunikationsforschung.* Wiesbaden: Springer VS.
Cleff, T. (2015). *Deskriptive Statistik. Eine computergestützte Einführung mit Excel, SPSS und STATA.* Wiesbaden: Gabler Verlag.
Diekmann, A. (2008). *Empirische Sozialforschung. Grundlagen, Methoden, Anwendungen.* Reinbek b. Hamburg: Rowohlt.
Faulbaum, F., Prüfer, P., & Rexroth, M. (2009). *Was ist eine gute Frage? Die systematische Evaluation der Fragenqualität.* Wiesbaden: Springer VS.
Früh, W. (2007). *Inhaltsanalyse.* Konstanz: UVK.
Geertz, C. (1987). *Dichte Beschreibung. Beiträge zum Verstehen kultureller Systeme.* Frankfurt/M: Suhrkamp.
Gläser, J., & Laudel, G. (2010). *Experteninterviews und qualitative Inhaltsanalyse.* Wiesbaden: Springer VS.
Häder, M. (2015). *Empirische Sozialforschung. Eine Einführung.* Wiesbaden: Springer VS.
Held, B. (2014). *VBA mit Excel. Das umfassende Handbuch.* Bonn: Galileo Press.
Küchenhoff, H. (2006). *Statistik für Kommunikationswissenschaftler.* Konstanz: UVK.
Matthäus, W.-G., & Schulze, J. (2011). *Statistik mit Excel. Beschreibende Statistik für jedermann.* Wiesbaden: Vieweg+Teubner.
Meißner, J., & Wendler, T. (2015). *Statistik-Praktikum mit Excel. Grundlegende quantitative Analysen mit Excel 2013.* Wiesbaden: Springer Fachmedien.
Merten, K. (1995). *Inhaltsanalyse. Einführung in Theorie, Methode und Praxis.* Opladen: Westdeutscher Verlag.
Nahrstedt, H. (2014). *Excel + VBA für Maschinenbauer. Programmieren erlernen und technische Fragestellungen lösen.* Wiesbaden: Springer Fachmedien.
Rössler, P. (2010). *Inhaltsanalyse.* Konstanz: UVK.
Schnell, R., Hill, P., & Esser, E. (2011). *Methoden der empirischen Sozialforschung.* München: Oldenburg Verlag.
Theis, T. (2013). *Einstieg in VBA mit Excel: Für Microsoft Excel 2002 bis 2013.* Bonn: Galileo Press.

The manufacturer's authorised representative in the EU is Springer Nature Customer Service Centre GmbH, Europaplatz 3, 69115 Heidelberg, Germany. If you have any concerns regarding our products, please contact ProductSafety@springernature.com

Printed and bound by CPI Group (UK) Ltd, Croydon, CR0 4YY

25/03/2026

02078216-0007